法理论的
社会学进路

Sociological Approaches to Theories of Law

〔美〕布莱恩·Z.塔玛纳哈 著
Brian Z. Tamanaha

赵英男 译

北京大学出版社
PEKING UNIVERSITY PRESS

著作权合同登记号　图字:01-2024-6384
图书在版编目(CIP)数据

法理论的社会学进路／(美)布莱恩·Z.塔玛纳哈著；赵英男译. -- 北京：北京大学出版社，2025.1.
ISBN 978-7-301-35415-5

Ⅰ.D90
中国国家版本馆CIP数据核字第2024478QU0号

This is a simplified Chinese translation of the following title published by Cambridge University Press:
Sociological Approaches to Theories of Law
(ISBN 978-1-009-12436-2)
ⓒ Brian Z. Tamanaha 2022

This simplified Chinese translation for the People's Republic of China (excluding Hong Kong, Macau and Taiwan) is published by arrangement with the Press Syndicate of the University of Cambridge, Cambridge, United Kingdom.

ⓒ Peking University Press 2025

This simplified Chinese translation is authorized for sale in the People's Republic of China (excluding Hong Kong, Macau and Taiwan) only. Unauthorised export of this simplified Chinese translation is a violation of the Copyright Act. No part of this publication may be reproduced or distributed by any means, or stored in a database or retrieval system, without the prior written permission of Cambridge University Press and Peking University Press.

Copies of this book sold without a Cambridge University Press sticker on the cover are unauthorized and illegal.

本书封面贴有Cambridge University Press防伪标签，无标签者不得销售。

书　　　名	法理论的社会学进路
	FALILUN DE SHEHUIXUE JINLU
著作责任者	〔美〕布莱恩·Z. 塔玛纳哈(Brian Z. Tamanaha)　著
	赵英男　译
责任编辑	张　宁
标准书号	ISBN 978-7-301-35415-5
出版发行	北京大学出版社
地　　　址	北京市海淀区成府路205号　100871
网　　　址	http://www.pup.cn
新浪微博	@北京大学出版社　@北大出版社法律图书
电子邮箱	编辑部 law@pup.cn　总编室 zpup@pup.cn
电　　　话	邮购部 010-62752015　发行部 010-62750672
	编辑部 010-62752027
印　刷　者	三河市北燕印装有限公司
经　销　者	新华书店
	787毫米×1092毫米　32开本　6.5印张　95千字
	2025年1月第1版　2025年1月第1次印刷
定　　　价	49.00元

未经许可，不得以任何方式复制或抄袭本书之部分或全部内容。
版权所有，侵权必究
举报电话：010-62752024　电子邮箱：fd@pup.cn
图书如有印装质量问题，请与出版部联系，电话：010-62756370

目录

1　导论　　001
2　法律人造物理论的困难　　013
3　法律之为社会建构　　047
4　社会建构主义的五个潜在影响　　065
5　有关法律功能的理想化论述　　073
6　法律体系与鲜活社会关系的脱嵌　　091
7　法律所谓的指引功能　　099
8　错误的社会实效命题　　117
9　解答"法律是什么"时的谬误　　139
10　经验主义与分析法学　　165
参考文献　　171
译后记　　195

1 导 论

分析法学家向来主张,法律是一种社会制度(social institution),法律是一种社会人造物(social artifact)或社会建构(social construction),法律维护社会秩序,法律指引并协调社会行为,法律实施社会与道德规范,法律是社会控制的一种工具,以及法律是服务于社会目的的一种工具。法律实证主义理论家主张,法律建立在社会渊源(social sources)、社会事实(social facts)以及社会惯习(social conventions)之上。"那么一种有关法律性质、法律本质属性的论述是什么样的呢?我主张,我们是在尝试解释某种社会制度的性质",约瑟夫·拉兹(Joseph Raz)指出,"这意味着这种解释隶属于社会科学。"(Raz 2009a:23)法哲学家安德瑞·马默(Andrei Marmor)强调:"法律在相当程度上是一种社会现象。"(Marmor 2007:36)

既然法律是一种社会现象,社会科学中似乎自然而然地就包含了很多可资法律理论借鉴之处。哈特(H. L. A. Hart)提出,他的经典著作《法律的概念》(*The Concept of Law*)"也可以被视为一部描述性社会学作品"。(Hart 1961：v)在他著作的许多方面,他似乎都对源自社会科学和自然科学的素材保持开放。他对规则的内在视角的化用(incorporation)指向了彼得·温奇(Peter Winch)的观点,即基于规则的社会行为必须内在地得到理解。(Hart 1961：242；Winch 1958)如温奇所言,社会行动在"生活方式或社会生活模式"的框架内具有可理解性,社会调查者为了理解人们的行动及其原因就必须理解这些生活方式或模式。(Winch 1958：100)哈特认为,一切社会都具有关于人、财产以及群体生存所必须承诺的基本规则。在此论断中,他关心的是自然主义的(naturalistic)因果解释。(Hart 1961：189-207)"这类因果解释并不依赖于自明之理,也不以有意识的目标或目的为中介;它们是社会学或心理学解释,如同其他科学一样,是通过概括与理论的方法——依赖于观察,以及可能条件下的实验——建立起来的。"(190)不过,尽管零星存在着这些诉诸科学的强烈表述,哈特依旧认为分析法学是立足于哲学的一种自足的进路（Postema 2015：876-877），并在整体上认为社会学是一种不够科学的学科（Lacey 2006：950-953）。"哈特对于历史学与社会学性质的批评观点相对来说反应冷淡，这恰恰是因为他将自己的工作视为哲学，因而对如下批评——他忽略了那些貌似在历史学家和社会科学家眼中居于核心地位的议题——无动于衷。"（953）

在哈特的引领下，当代杰出的分析法学家一直对社会科学没什么兴趣。约瑟夫·拉兹认为，"法律社会学为某些特定社会中法律的功能提供了大量的详尽信息与分析。但法哲学则必须止步于（content with）一切法律体系必然拥有的为数不多的那些特征"。（Raz 2009b：104-105）"社会科学无法告诉我们法律是什么，因为它研究的是人类社会"，斯科特·夏皮罗（Scott Shapiro）指出，"它指明的道路与法哲学家无关，因为非人类的生物能够拥有法律不过是老生常谈。"（Shapiro 2011：406，n. 16）分析法学家迈克尔·朱迪切（Michael Giudice）承认，"在许多方面，夏皮罗的观点是对分析性法律理论的目标与方法的诸多表述所包含的一个主题(或缺点)的集中体现"。(Giudice 2020：9)在这些分析法学家看来，法哲学涉及立足于直觉和所谓的自明之理(truisms)的概念分析，而后者并不要求对法律展开社会科学研究。

这就如杰拉尔德·波斯特玛(Gerald Postema)的评价：

> 法律是一种复杂的社会现象，与其他形塑着人类生活的社会现象相连，而人类拥有某些独特的能力且受限于某些缺点，并为某些需求——主要是共同生活这种需求——所驱使。我们可能会同样观察到，法律在人类任何历史共同体中所具有的特定形态，会随着人们生活的社会、政治与自然环境的不同而有所变化，并且这些变化本身会随着时间而改变。这些并不是具有理论偏见的观点，而是两千多年来针对法律展开哲学反思的共同起点；它们不是辛苦寻觅得来的理论智慧，而不过是一种常识。

可是当下的分析法学似乎常常忽略它们。(Postema 2021：1)

与此整体倾向不同,有越来越多的迹象表明,分析法学家对源自社会科学和自然科学的素材抱持开放态度,并承认法哲学必须考虑到法律是一种受到社会的历史性制约并与之彼此关联的事物。分析法学家,特别是杰拉尔德·波斯特玛、迈克尔·朱迪切、基斯·卡尔弗(Keith Culver)、弗里德里克·肖尔(Frederick Schauer)、丹·普里尔(Dan Priel)、肯尼斯·艾伦伯格(Kenneth Ehrenberg)、布莱恩·比克斯(Brian Bix)以及布莱恩·莱特(Brian Leiter),一直都在倡导进一步关注社会科学与法律的社会现实。近来,有大量关于法理学议题的经验研究和调查。不过,这是一种边缘性的发展还是分析法学向更具经验性理据的根本性转变,尚待时间的检验。

本书运用源自社会科学和自然科学的经验性视角考察当今分析法学家所提出的有关法律理论的关键议题。本书的基本要旨是批判性的,但在分析的过程中也不乏建设性。本书的批判性方面表明,分析法学家在一系列关键议题中所主张的立场,都与法律的经验现实不一致。考虑到本书所属丛书的简短篇幅,这些批评性观点必然是有所取舍的。我的主要关注点是分析性法律实证主义者所提出的立场。许多议题都略而不谈,只有有限的几位理论家得到讨论,并且关于每个议题的分析都有所缩减。我指出了如下诸多法律理论的问题,这些理论包括:法律之为人造物的学说,有关法律功能的理想化论述,有关法律指引社会行动的主张、社会实效命题,所谓的法律至上性,法律与法律体系的混同,"法律是一种具有本质特征的单一现象"这种观点,以及其他议题。这些批判性考察旨在推动分析法学家重新检验有关法律的各种核心立场。从更一般的层面来说,这种批判性分析表明了更多经验性素材所带来的哲学收益。

本书的建构性方面体现在一种有关法律的彻底的社会性视角。有关法律之为社会建构的讨论——这在很大程度上依赖乔治·

赫伯特·米德（George Herbert Mead）的著作——阐明了将法律视为一种社会制度意味着什么。如约翰·杜威（John Dewey）所说："我所采纳的立场为'法律完全是一种社会现象'；这种社会性体现在它的起源、目的或目标以及适用之中。"（Dewey 1941：76）因此，"'法律'不能被误解为仿佛一种独立的实体，而只能通过其所兴起以及具体运作的社会条件加以讨论"。（77）这正是分析法学无法作为一种隔绝于其他学科且自给自足的哲学事业而运作的原因。

我的法律理论观点已经在其他著作中得到详尽讨论。（Tamanaha 2001，2017，2021）这里提出一些基本的命题。法律受制于人类天生的特性以及在社会群体中生存的要求。法律是一种与社会相互关联的历史产物，随着周遭的文化、社会、经济、政治、法律、技术与生态因素而发展。这些影响既内在于也外在于社会，因为没有社会是孤立发展的，在一个日渐彼此联结的世界中尤为如此。这些影响无孔不入地渗透进法律之中，同时法律也以相互构成性、互动性与动态性的方式影响着社会。

在不同的社会(它们具有各种各样的核心共性)中,法律有不同的表现形态,会随着时间流逝而演化出不同的形式与功能。现代法律体系的运作离不开高度专业化的知识、规范、实践以及由法律专业人士所维系的制度。法律体现着道德规范,但也会受到特定群体的操纵,使得某些观点和利益凌驾于其他观点和利益之上,而与通行的规范与利益相冲突。法律是一种工具,服务于那些影响、塑造、支持、援引以及使用它的人的目的。法律不仅解决争议,常常也会陷入社会、经济与政治冲突的纠纷之中。以上是对行动中的法律的一种现实主义的理解。

为了避免误解,我应当先澄清一下自己的立场。我广泛地阅读了分析法学的著作,并且认为其中许多作品深有启发。我提出的论点并不是分析法学应当成为社会学法学,也不是科学能够完全解决有关法律的哲学问题。我的看法是,当分析法学家主动寻找他们所思索的哲学议题的经验素材时,他们会提出更为合理的法律理论。如我所表明的那样,许多至关重要的理论断言都依赖于缺乏支撑的经验主张或假设。有关"法律是什么""法律的所作所为""人们如何理解和利用法律""法律导致了何种后果"等问题的哲学论述,必须要立足于更充分的经验素材。

2 / 法律人造物
理论的困难

当代法哲学家沿着两个彼此不同的路径构建法律理论:社会人造物与社会建构。有关前一个路径,乔纳森·克洛维(Jonathan Crowe)指出,"人们常常说法律是一种人造物"。(Crowe 2014:737)布莱恩·莱特认为,"法律概念乃关乎人造物(即其存在必然源于旨在创造该人造物的人类活动的某种事物)的概念"是无可争议的。(Leiter 2011:666)有关后一个路径,莱斯利·格林(Leslie Green)指出,"我们可以认为(法律和法律体系)是社会建构"。(Green 2012:xvii)朱迪切评论说:"当代法哲学往往以其核心争议为特征,但这些争议并未阻挡这个显而易见的共识的出现:法律是一种社会建构。"(Giudice 2020:1;Priel 2019)这些主张提出了如下问题:哪种理论框架最适合于法律?这两种路径是不可互换的:所有人造物都是社会建构,但社会建构主义(social constructionism)的内容和维度远比人造物理论要宽广。

本章会通过法律人造物理论的主要支持者,即乔纳森·克洛维、肯尼斯·艾伦伯格、卢卡·布拉津(Luka Burazin)与科拉多·罗维西(Corrado Roversi),来批判性地考察这一学说。我会表明削足适履地运用法律人造物理论使得该理论面临着诸多困难并扭曲了法律现象。我对法律人造物理论提出的反对意见兼具分析性和社会学意味。如哲学家戴夫·埃尔德-沃斯(Dave Elder-Voss)的观察,"任何可行的社会本体论,都必须与一种可行的社会学理论的复合体(complex)相一致"且与"经验证据相一致"。(Elder-Voss 2012:20)下一章会解释法律的社会建构,阐明其意涵,并表明它提供了一种更为丰富和充分的法律理论。

在过去的几十年间,人造物理论一直都是哲学领域的热门话题。"人造物可以被界定为服务于特定目的而有意制造或生产的对象。"(Hilpinen 2011; Preston 2018)比如,一把椅子的制造者就是运用合适的材料和结构有意生产它的,以便人们能够坐于其上。杰出的人造物理论家阿米·托马森(Amie Thomasson)总结道:"人造物通常被视为依赖于心灵的实体,

2 法律人造物理论的困难

因为若想创造一个人造物,就必须拥有结构相当完备的意向状态——这涉及一个意图制造某类事物中一个具有某些所意图的属性的物体的个体——当然也要能够相对成功地执行这些意图。"(Thomasson 2014：54)有关人造物的哲学论述通常会识别出三项要求：(1)人造物是被有意创造的;(2)它具有功能的事物;(3)所意图的功能决定了它是何种人造物。(46)为了将艺术品归属为人造物,托马森放弃了证明人造物具有所意图的功能的必要性,而是要求人造物"应当是被有意创造的,并且被成功地赋予某些所意图的特征——这些所意图的特征可能但并不必然包括所意图的功能"。(57)因此,人造物类(artifact kinds)能够通过其被意图的特征/功能加以刻画。

法律是一种人造物的断言在很多方面都显得古怪。法律规则、制度与体系,并不是由**作者或创造者以某种特定目的、功能抑或一系列特征**明显**有意**构建的**对象**。为了使这个理论框架合适,法律人造物理论家必须放宽作者、意向、对象、特征与功能的意涵以及它们之间的关联。卢卡·布拉津写道:"由于原则上没有任何人是从零开始创设法律体系的,由于法律体系通常没有可以确切识别的作者,并且似乎许多具有不同角色的人在长时间内推动了法律体系的出现与持存,法律的人造物理论似乎就应当对著作权概念采取非常广义的理解。"(Burazin 2016:399)科拉多·罗维西对此表示赞同:"现在可以肯定的是,这些解决方案要求人造物这个概念在某种程度上加以'扩展'——这可能是一些人暂且无法接受的。"(Roversi 2019:58)一个源自这些困难的显而易见的结论就是,人造物理论框架对于法律来说并不合适,但法律人造物理论家却在千方百计地适用这个框架。

法律人造物理论家的第一个举动就是支持约翰·塞尔(John Searle)的社会本体论,特别是其集体承认(collective recognition)的观点,从具体的对象转向抽象的制度。塞尔将社会的逻辑结构化约为三个核心立场。(Searle 2006)其一,**功能赋予**:人类赋予对象功能。比如,带有特定标记的纸张被用于购买、出售以及储存(货币的功能)。其二,**集体意向性**:我们-意向性(we-intentionality)包含着共同完成某事的合作感(与关注自我的"我-意向性"不同)。在橄榄球队或管弦乐团中,每个球员或演奏者都明白自己的分内工作与他人的分内工作彼此相连进而创设出一个整体(一场橄榄球赛或交响乐)。其三,**构成性规则**:构成性规则创设出特定活动、制度以及制度性事实(调节性规则只是调节活动而非创设它们),这通常是以"X在语境C中被视为Y"的形式为之的。(Searle 2006,2010)在这里X是一个对象、人抑或实体;"被视为"包含着集体接受;Y是具有道义论力量的地位身份,承载着"权利、责任、义务、要求、允诺、授权、资格,等等"(8-9);C是这些得到集体承认的力量所依系的情境。当一张带有某种印染标记的纸(X)是由雕版印刷局印制和流通(C)的时候,就被视为货币(Y)。在这三个立场之外,塞尔补充了第四个立场,他将之称为意向性行动的背景,我稍后会详加解释。

以上论述显然可以适用于法律。具有规则形式的一系列特定语词(X)在经过立法机关适当的制定、行政机关适当的签署并正式公布(C)后,就具有了法律上的约束力(Y)。

立法机关和法院就是由担任公职的人们组成的组织,这些公职具有得到集体承认的承载着法律道义论力量的地位身份。特定个体(X)在经过合适任命并根据其官方职务行动(C)时,就被集体承认为拥有法律权威(的立法者、法官、检察官、警察,等等)(Y)。人们承认警察有权进行逮捕,检察官有权提起公诉,立法者有权进行立法,法官有权作出裁判,以及监狱看守有权将人送入监狱。这种集体承认(它至少包含着遵从)既存在于社群内部,也存在于律政官员(legal officials)之中。(稍后会更详细地论述这个一般性立场。)

法律人造物理论家以不同方式运用塞尔的理论来表明法律是一种人造物。为了解释习惯法,乔纳森·克洛维放弃了人造物所需的意向要求,转而依赖集体接受,认为习惯法是一种非意向性的人造物。(Crowe 2014:743-748;Priel 2018)这里值得称赞的是,克洛维没有扩展意向性概念,而是承认这个概念不适合习惯法。但是对其方法构成挑战的是,哲学家中有深厚共识认为,意向是人造物的一个定义性特征。此外,一旦放弃意向,就没有坚持

2 法律人造物理论的困难

人造物理论而非社会建构主义的概念理由了,这正如下文所述,社会建构主义包含但并不严格局限于意向性创造。

艾伦伯格、罗维西和布拉津将法律视为一种相对于不同法律"对象"而有意创造的人造物,它包含特定法律规范、法律教义与法律制度,以及法律体系(法律本身)。他们的分析也适用于法律组织,法律人造物理论家在很大程度上忽略了后者,不过我出于批判的目的,挑出这一点来谈。首先,需要强调的是法律人造物理论将大量彼此不同的现象削足适履地放进同一种人造物的筐里。在艾伦伯格看来,法律人造物理论假定"就如我们想到鞋子、锤子、医院、大学和公司一样,将法律视为一种人造物,但是一种抽象的人造物"。(Ehrenberg 2016:47)这个表述始料未及地具有启发性。任何将如此不同的现象归拢到一起的理论必然是极为稀薄的,几乎没有内容和信息价值。

对于人造物理论家而言,最简单的例证就是法院和立法机关宣告的**单个法规**,不过这种运用却面临着巨大困难。在立法时,立法者可能对于他们制定的法律的意义或目的缺乏单一或共享的意图。此外,初审法院和上诉法院可能会提出不同于立法者意图的法律解释。上诉法院中常常会出现简单多数决,此时合议庭中的每位法官会提出支持裁判结果的彼此独立且并不一致的论证(参见 Tollefsen 2002),并且上诉法院之间往往会在解释同一部法律时存在分歧(在美国这被称为巡回法庭意见分歧)。除此之外,由于法官观点抑或环境的不断改变,法庭的法律解释也会慢慢发生变化。所有这些场景都会出现在同一部法律身上:为其投赞成票的立法者可能具有不同但却重叠的意图;具有不同但重叠的意图的上诉法院合议庭成员可能会以大多数立法者意料之外的方式解释它;同时从共时和历时角度来看,不同的上诉法院可能会以不同方式解读上述法律。

所以什么(或哪一个)是有意创设的法律人造物,并且谁是其作者呢?我们不清楚制定法中以原初目的(出于论证的需要,假设法律具有单一目的)理解的语词是否就是有意为之

2 法律人造物理论的困难

的人造物,也不清楚当法官后来每次赋予其新意涵和新目的时(与此同时该制定法的语词保持不变)是否意味着创设了新的人造物。此外,别忘了坚持制定法的文本解释与美国宪法的原初公共含义解释立场的美国法学家,否认立法者的意图能够约束法律得到解释的方式——重要的是法律的语词所传达的含义。

想一想美国宪法。谁是美国宪法的创造者/作者:撰写特定条款的起草者个人,在制宪会议中为之投票的代表,批准它的各州选民,抑或所有这些人的总和?在这些各种各样的创造者/作者中,存在着有关他们制定的宪法条款所意图的含义与目的的多种分歧。商业条款(Commerce Clause)——它授权联邦政府具有法律权力——是单一的人造物吗?随着时间流逝,这个条款的含义与范围通过法院解释伴随着两个多世纪间的社会、经济、政治、技术和法律变迁而历经了巨大改变。每一种改变其含义的解释都创造了一种新的商业条款人造物吗?

法律人造物理论面临着难以解决的识别特定法律规定的作者、对象,以及所意图的目的或特征的问题。由于存在这些困难,将单个法规描述为人造物并没有带来明显的概念性澄清或进步。人造物理论带来的唯一洞见,就是具有法律权力的人们带着某种目的而有意创设、解释和适用特定法律。显而易见甚至更为糟糕的是,这种学说具有误导性,因为它遮蔽了单个法规的意图与目的的多重性,也遮蔽了单个法规的变迁。

构成诸如财产权或婚姻这类**法律制度**的法律和教义远比单个法规复杂。财产权包含两个含义:类型与标志(token)。财产权是一种由法律教义构建的法律制度(一种制度类型);约翰·史密斯(John Smith)的关于黑地*的所有权就是财产权的论述的一个具体

---

* 在普通法的不动产法中,"黑地"通常用来指代虚构意义上的一片土地或不动产,它常出现于法学院课堂上的虚构案例中。这个词的使用可以追溯到1628年爱德华·柯克爵士的作品。我们可以把这个词理解为指代人名的"张三""李四",是对"某处有某个人所有的不动产"的简称,并非实际生活中某种形态的不动产。

2 法律人造物理论的困难

例证(一种制度事实或标志)。英美土地法(不考虑动产和知识产权)包含大量规则。这些财产权规则在几个世纪以来不断发展演进,受到封建主义起源与习惯法的影响,受到不断变迁的经济与政治环境的影响,也受到彼此竞争的利益群体——包括贵族、土地乡绅、商人阶级、农民和牧场主、矿工、农奴和佃农、城市居民,等等——之间冲突的影响。(参见 Simpson 1986)首先,土地法一直受到权力、意识形态、不断变迁的技术、工业革命,以及城市化的兴起的塑造。其次,土地法与过去和当下的动产法、有关侵入和损害的侵权法、有关租赁的合同法、继承法、信托法、抵押法、分区法、现代航空法(这改变了土地上空的空间所有权)、采矿权和水权,以及公共卫生与环境规制彼此互动并一直受其塑造。最后,财产权学说中的创新通常是由为客户服务的律师创造的,其目的是获得和掌控财产、保证现金流以及参与寻租。(Pistor 2019)财产权纠纷的特定例证——大流行期间一个拖欠房租的访客应当被驱逐出门吗?——要听命于一系列法律与政策考量。英美土地法并不是一种单一的抽象制度性类型,而是由没有单一、联合或典型意图或目的的数不胜数的创造者所创设的一系列持续不断演进的琳琅满目的规则。财产权通过制定法、司法修正以及创造性的律师活动而在时间之流中得到渐进性改变,就如财产权哲学中彼此竞争的立场所体现的那样,它是一种多重复合物(multiplicity)。(Katz 2018)

9 科拉多·罗维西有关法律制度的历史性-意向性学说试图"通过将人造物性追溯到一种植根于由作者意图构成的原初'创造过程'的历史属性以及一系列进一步修正、重新解释和发展的过程"来解释法律制度;所以该种制度就"不只是一个原初作者意图的结果,同时且更重要的是一个由诸多意图所组成的历史的结果"。(Roversi 2019:51)这使得像财产权这样的法律制度由所谓的决定性意图最初形成且在此后的每个时刻都呈现为**单一的**"对象",掩盖了由彼此冲突的意图、有关财产权样态的冲突、流变以及彼此不一致的财产权教义所构成的持续过程。财产权是一个充满争议的具有内在异质性的拼贴,它的一些部分是有意创设的,但另一些则是源于和其他法律部门和周遭因素(经济因素、生态因素等)互动的偶然(无意为之的副产品)。罗维西将财产权这样的法律制度类比为在由彼此矛盾的设计方案构成的古罗马神庙遗迹上建立起来的哥特式教堂(Roversi 2018:104;2019:58);可是教堂依旧是一种单一的固定对象,而财产权(以及其他法律制度)更近似于形态可以转变的拼凑而成的多重复合物。

法律或**法律体系**是一种人造物这个观点是最有问题的。前文提及的反对意见同样适用于法律体系,不过在此我聚焦于法律人造物理论家无法证明创造者**有意**将法律体系创造为具备特定**特征/功能**的**对象**。

艾伦伯格主张法律(作为一种类别或类型)是一种人造物类,其中包含着法律法规的子集、法律判决以及法律体系。"认为法律体系是作为一种类别的法律的范本是正确的。"(Ehrenberg 2016:5,n.11)他主张,若想判定法律被意图的功能,我们必须要识别出单个法规被意图的功能。他以此推而广之地将法律的功能视为一种类别。艾伦伯格解释道:"通过将法律视为一种人造物,我们设想那些创设单个法律法规的人是以该法规所要实现的功能为目的而这么做的。进而我们希望将这些功能汇集起来,并尽可能以一般性的方式描述它们,以便理解作为制度的法律。"(27,138,144)

识别法律法规背后的意图,与识别法律体系背后的意图并不一样。可是艾伦伯格在这里却将他们合而为一:"法律体系通常被自觉地设计为创设单个法规的框架"(17),换言之,演进而来的法律体系是以制定法律法规的副产品的面目出现的。他指出,由于法律被设定的功能是协调与创设制度,并且法律体系产生并适用法律,所以法律体系被设定的功能就是**协调与制度创设**。因此,艾伦伯格从法律体系创设法律这个事实派生性地推导概括出法律体系的功能等同于个体法律法规所构成的集合体的功能。

在讨论法律规则、法律组织和法律体系时,我们必须要小心避免以下两种有关部分与整体之间关系的谬误。如果有人假定,由于

2 法律人造物理论的困难

法律规则的功能是协调行为,法律组织或法律体系的功能因此就是协调行为,这就犯了构成谬误;如果有人假定,由于法律体系的功能是协调行为,单个法律规则的功能因此就是协调行为,这就犯了区分谬误。整体与部分可能具有相同的功能,但这一定是建立在两者之上的,而非仅仅从整体或部分出发的推断。

法律法规和法律体系是彼此不同的,(根据法律人造物理论)各自都有其意向性的特征和/或功能集合。(比较 Burazin 2019a:230-231,234)一个关键的差异在于特定法律法规是遵照具体意图(尽管这种意图是混合复杂的)而产生的,可是许多现有的法律体系是在缺乏整体构成性意图的条件下历经多个世纪与周遭因素关联演进而来的。塞尔是这样说的:"除了立法通过或权威改变了游戏规则这种特殊情况,制度性事实的创设通常是一个自然演进的问题,无须有意为之的功能赋予。"(Searle 1995:125)

从艾伦伯格一再提及的"诸如医院、大学和法律体系这样的制度"可以提炼出如下事实,即法律"人造物"包含不同的层级、具备各自不同的意图。(2016:47,75;2018:184,190)注意这里罗列的条目并不是并列的:法律体系与医院或大学不同。法律体系类似于医疗保健体系和高等教育体系。医院是一个尤为具有科层性的**组织**,其目的是为病人和伤者提供医疗诊治。(2016:8-9)法律体系内与作为组织的医院类似的是法院、立法组织、检察官办公室、警察局、律所等,其中每一个组织都有自身的取向、目的和构成性规则,它们体现在构成它们的人们的意图与行动之中。**法律体系并非组织**。法律体系是一种抽象,是一个被用来涵盖许多彼此分化的组织的标签,这些组织中的每一个都有自己的典型知识、实践、意图和目的。

从社会学角度来表述这些差异,具体法律和司法裁判是在**微观**(特定行动情境)层面创设的;法院和立法组织是在**中观**(组织)层面运作的;而法律体系是在**宏观**(大规模现象)层面的。微观现象是最易于和构成性意图联系起来的,中观现象也通常能够得到意向性行动的支持,但许多宏观现象本身并不是有意创设

2 法律人造物理论的困难

的。法律人造物理论家必须将每个层面区分开,将所谓的意向性创设赋予每个层面,因为在人造物理论中意图决定了人造物的特征/功能。布拉津为法律体系的意向性创设提供了一种直接的论述,我稍后会谈到。

首先,让我们来考察一下艾伦伯格识别出来的法律功能。他的著作广泛分析了法律理论家所提出的各种各样的法律理论和论述,其中包括德沃金、自然法、法律实证主义,等等(不过在此值得提出的是,法律理论家并非法律或法律体系的意向性创造者)。(Ehrenberg 2016:180-191)依据这些理论论述,他提出了法律的两种功能。"法律的一个基本功能就是解决协调问题。"(197)人造物理论揭示了第二个功能:"将法律视为一种制度化的抽象人造物的好处,在于在法律的功能列表中补充了如下功能,即在最广泛的可能社会背景——也即其他制度的生成与生效——中为受到语境限定的权利和责任的具体化、承认以及保护提供框架(将这几者区分开以强调不同的侧重点)。"(197)简单来说,法律的功能是生成其他制度。(36)他指出,这两个功能是彼此兼容

的,因为创设制度是法律协调功能的一个方面。(197)

艾伦伯格对法律功能的识别,偏离了人造物理论并且没有遵循他自己提出的从单个法律法规概括法律功能的方法。相反,他以**理论家提出的**有关法律功能的论述为基础,这些论述本身并不建立在对创设这些单个法规的**实际**意图("心中所想")的概括之上。这是一个重要的偏离。由于创造者有关功能的意图与所创造的人造物具有因果关联,"我们一般会期待正是**创造者的意图赋予了人造物功能**"。(Ehrenberg 2016:51,强调为引者所加)"功能赋予或指派完全就是运用一个对象来实现一个目的。"(Ehrenberg 2020:282,描述塞尔的论述)椅子的制造者知道人们一定能够坐在他们制造的椅子之上,并制造椅子来实现功能。

在涉及立法时,法官和立法者通常不是有意识地意图解决协调问题。相反,他们关注法律的内容及其各种各样的意涵与(政治的、法律的、经济的、文化的,等等)后果——**也即"心中**

所想的该立法将要完成何种目的的意图"。(Ehrenberg 2016:27)在制定《平价医疗法案》(Affordable Care Act)时,立法者明确表达的意图是扩大医疗保险覆盖范围——而非解决协调问题。在判定制造商的产品对消费者造成的损害应当基于严格责任还是过失责任时,法官的意图指向他们考量社会、经济、公正与法律因素和后果之后认为正确的结果——而非解决协调问题。立法者与其他立法者彼此沟通并会咨询有影响力的选民,但实际上是立法组织的工作人员起草立法。(美国的立法者通常实际上不会全部读完他们创立为法律的法案,后者会多达好几百页。)法官处理案件、召开听证并确定将法律适用于事实的特定动议,等等,他们与法律助理分担工作。在从事法律活动时,法律行动者很少思考创设法律体系或其特征与功能。律政官员和行动者都沉浸于且忙于手头的法律工作。社会协调问题是在协调成为首要关切时(比如交通法)法律被意图的目的,但现代法院和立法组织提供了具有多重目的的数不胜数的法律与判决,其中大部分都被设计来实现手头的特定目的。法律的协调功能是**法律理论家**——艾伦伯格的论述建立在他们之上——**的一种概括**,而非律政官员在创设和适用法律时的实际意图。

概括来说,我的反对观点如下:有关对象的人造物理论诉诸真正的意图,但法律人造物理论家却想象出(project)有关法律的不存在的、未知的或不可知的意图来满足人造物理论的要求。他们谈论着以下诸种事物的创造者的意图:单个法律、法律制度以及过往和当下的法律体系,包括产生于记忆和记录之前——近似于拟制性的原初自然状态时——又经过演化的那些法律体系。研究集体意向性的哲学家黛博拉·多福森(Deborah Tollefsen)中肯地评论说:"有关群体意向性的总结性与非总结性论述都忽略了如下事实,即我们将意向状态归属于群体成员时,通常并不了解这些成员的实际意向状态。"(Tollefsen 2002:29)尽管艾伦伯格否定与人造物理论不一致的潜在功能,但结果是他将协调与制度创设归属于法律被意图的功能时却充满了潜在功能的意味,因为在立法者制定法律时这些特定目的并没有出现在他们脑海中(稍后会更详细地论述潜在

2 法律人造物理论的困难

功能)。

卢卡·布拉津与艾伦伯格的不同之处在于,他将意图专门与法律体系的创设联系在一起。"根据法律人造物理论的看法,法律体系是抽象的制度性人造物。它们之所以是人造物,是因为它们是由具有**创造制度性人造物'法律体系'这一特定意图**的作者创造的。"(Burazin 2016:397,强调为引者所加)布拉津补充说,该法律体系所面对的共同体必须集体承认其法律权威并大体上遵从其规范。(Burazin 2016,2018)(与其第二个要求相反,之后我会表明一般性服从并不是法律体系存在的必要条件。)

布拉津观点的一个基本问题在于,法律体系并不是人造物概念所表达的那种意义上的统一的实体。法律体系是一种涵盖各式各样的法院、立法组织、检察官办公室、辩护人办公室、法律援助办公室、警局、警察工会、公共与私人监狱、私人律师和律所、法学院、律师协会、律师助理、案例报告、法律期刊以及其他事物(速记员、法官助理等)的抽象物。认为构成法律体系的各种各样的活动、实践、组织以及制度都能够被一股脑视为有意创设的**实体**,是一种轻信盲从。法院是一种组织性实体;具有层级组织的司法体系是一种涵盖了法院的实体,而法律体系是对于包含着层级性关联网络的复杂体的诸多彼此分化的组织的一种理论投射。(Tamanaha 2021:chapter 4)

法律人造物理论家可能会反对说,我对"法律体系"的刻画太过宽泛。分析法学家常常会将法律化约为有关律政官员的基本实证主义论断,认为这些官员遵循着确定领土范围内有效法律的共享规则。(参见 Burazin 2016:397-399;Ehrenberg 2016:16-18;Roversi 209:53,60)不过就现代法律体系而言,这种论断太过狭窄。由于法律规则和法律法规是从一系列从历史中发展得出的技术性法律知识和概念里获得意义的(Philips et al. 2004),并且律师必须在这种知识体系中得到训练,发展和体系化法律知识的法学家与讲授法律的法学教授就不能被排除在外,尽管他们通常并非律政官员。此外,私人律师尽管通常并非律政官员,但他们服务于公民和实体。没有法学家、

2 法律人造物理论的困难

法学教授和私人律师,法律体系就无法正常运转,但是补充上这些参与者就会使法律体系的意图具有多重性且变得多样化。

即便我们只关注律政官员,人造物理论也不会成功,因为他们法律活动中的具体意图指向的是**错误的对象**。重申一下,人造物理论认为,创造者脑海中存在着有关决定他们正在制造的对象的特征与功能的意图——在他们的意图和其创造的对象的特征之间存在着直接的**因果**关联。然而如上所述,法律行动者的意向性状态指向且介入他们手头的工作。立法者和法官都是在**既有的制度性结构**中工作,基于种种考量的平衡而思考手头的工作,参与日常的法律活动。他们的意向的命题性内容与创设法律体系无关,也与法律的协调功能无涉。这并不满足布拉津所说的创设法律体系的"特定意图"的要求。

为了回应这个反驳,法律人造物理论家可能会援引先前描述的塞尔的集体意向性。参与集体行动的人们通常会具有指向集体活动的我们-意向性。在参与管弦乐队(一场交响乐)和橄榄球队(一次配合进攻)时,每个演奏者或球员都扮演着被指定的角色,知道自己的行动与其他成员所扮演的角色是相互配合的,关联为一个彼此协调的具有"我们-意向性"的整体。每个人无须详细了解其他人在做什么(不过橄榄球的四分卫和乐队指挥必须要了解这些)。"一个人所需要相信的就是他们共享着集体目标,并意图在实现该目标中完成自己的任务。"(Searle 2010:45)

法律体系并不像一个橄榄球队或具体的比赛,也不像一个管弦乐队或具体的交响乐演奏。一个(相较于其他方面的)重要差异是律政官员的行动并不是彼此配合的,他们也没有共享创设法律体系的集体目标,但是橄榄球队有图解法表示的战术,管弦乐队有交响乐乐谱。律政官员知晓自己的行动以不同方式彼此相连:立法者知道自己制定的法律会被认为由其他律政官员执行和适用;法官被认为会适用立法者制定的法律;执法者、检察官、警察等会被认为执行和实施法律。表面来看,这似乎类似于"我们-意向性",但除此之外这种高度理想化的途径遮蔽了这些律政官员群体之内、

2 法律人造物理论的困难

之中和之间在每个层次(联邦、州和市镇)中的分歧与争议。不同的律政官员拥有会导致冲突的不同角色、责任和议程(包括人事和意识形态方面的)。法官常常会以不同于立法者所意图的方式解释法律;检察官和警察通常并不会按照纸面规则执行立法,并且有时会背离或规避司法命令;州与联邦的律政官员常常会彼此冲突;等等。通常提及的书本之法与行动之法之间的差距,认同了分歧是无所不在的。(Pound 1910)任何以这种方式运作的橄榄球队或管弦乐队都会分崩离析。或许共享意图的最佳证据就是就职宣誓,许多律政官员发誓支持法律并履行自己职务的职责——可是体现在这个誓言中的目标是恪守法律的约束。法律体系——在将所有官方法律制度关联为一个统一整体的意义上——是一种理论抽象。

为了克服表明意向性创造的困难,一些法律人造物理论家要么放弃了意图,要么将之稀释到毫无意义的程度。克洛维(Crowe 2014)和布拉津(Burazin 2019a)通过放弃意向性要求和转向塞尔的共同体中的集体承认(在"我们-意向性"之外)将习惯法纳入自己的理论;

罗维西（Roversi 2018：95-96，103-106；2019：51-52，58）运用"'植根于意向'（intention-rooted）这个词，它指代了从具体的创造性意图到之后被承认为构成法律制度的简单的行为规律性的一系列广泛现象"（Burazin 2019b：233）。罗维西写道："它们（法律制度）的性质和内容可能并不完全对我们透明，抑或无法立刻通过法律共同体中的实际意向性状态得到确定。"（2019：52）可是这些策略都不符合人造物理论的要旨，即意向性创造在因果意义上决定了人造物的特征/功能。在勉强解释法律时，他们实际上已经放弃了人造物理论，偷偷地转向了本书下一章讨论的社会建构主义。

如上述批判性讨论所示，人造物理论中所要求的在创造者、意图、对象、特征和功能之间的关联太过狭窄，且对于法律、法律制度和法律体系来说难以满足。"意向性创造"的必不可少，尤其体现出一种体系性的不匹配。这不是没有原因的。尽管塞尔强调集体意向性，但他指的并不是有明确意识的意向性。人们在他们视为理所当然的制度中生活，常常以惯习性的常规路径行动，他们的意图并不聚焦于制度本身或构成性规则。如塞尔所观察到的那样,"他们并没有认为私人财产权和分配私人财产权的制度,以及人权或政府是人类创造。他们倾向于将之视为事物自然秩序的一部分,就像认为天气抑或重力那样认为它们是理所当然的"。(Searle 2010:107)个体行动发生于一种前意向性的、大体上不自觉的且社会性因素渗透其间的背景中:"这种背景由能力、性情、倾向、实践等能够使意向性运作的事物集合构成,意向性网络由信念、态度、欲望等能够使具体意向状态运作,也即确定其满足条件的事物集合构成。"(2010:155,1995:127-147)因此,塞尔将意向性的大量内容转移到"使得功能的意向性状态得以运作的非意向性或前意向性能力"的背景中(Searle 1995:129),他认为这种背景等同于维特根斯坦有关遵循规则的讨论以及社会学家皮埃尔·布迪厄(Pierre Bourdieu)的惯习(*habitus*)(132)。[惯习这个概念指的是社会通过知觉、观念、价值、性情以及行动的关联模式体系得到塑造,这些体系得到人们的接纳、实践、强化以及表达。(Marcoulatos 2003:72-73)]可是法律人造物理论家忽略了这个背景。

16　　此外,由于聚焦于意向性,法律人造物理论以及塞尔的集体意向性无法解释非意向性后果或非意图的涌现现象(unintended emergent phenomena)。许多社会现象并非特定集体意向造成的,但是它们却是意向性行动的产物。社会劳动分工产生于随着时间推移而出现的数不胜数的个体决策(Mead 2002:106),但它本身并不是被有意创造的。人们并未有意创造"银行挤兑"或商业周期。这些都是"非意向性属性",但"它们却在社会生活和历史中具有体系性且无所不在"。(Friedman 2006:75)非意向性的因素与后果在法律中无所不在。律政官员和律师并没有为人们获得法律故意设置障碍,但由于法律服务的高昂成本以及穷人拥有的有限资源,这种障碍无疑在许多社会中存在。美国警察不合比例地大量拘留、搜捕、逮捕和杀害黑人嫌疑人时并没有有意创造歧视性的刑事司法体系,可是这种歧视却无疑存在着。法律具备体系性并不是有意为之的,但是这些要素却具有其特征或功能(稍后会在潜在功能中得到讨论)。

2 法律人造物理论的困难

法律人造物理论模糊了法律的重要因素。这个理论框架突显出五个方面的问题:其一,将法律、法律制度和法律体系呈现为**实体**(亦即一个统一的事物)在概念上模糊了这些事物之间和之内的持久不断的冲突、分裂、分歧、不一致、变化、多重性以及变迁。其二,这种对象构造方式消除了法律的程序性因素:制定、适用、实施和解释法律都是一种**过程**,包含着在法律实践中从事法律工作同时受到周遭因素(意识形态、社会压力等)影响的人们。其三,关注有意创造的法律特征/功能,就在分析意义上施加了一种通常实际上本身并不存在的单一意向与功能,同时忽略了法律非意向性的因素、功能和后果。其四,人造物理论的"意向性—创造—对象"这个关注点并没有将受到社会因素包裹的法律沉积物视为一种传统,该传统在社会中和推动、塑造及约束法律行动与变迁的自我延续、路径依赖的特征彼此相连,构成了律政官员在其中行动的既有的制度性语境。其五,将法律本身视为人造物分散了人们对于实际人造物——办公室、法院、计算机、文档、备忘录、资助,等等——构成法律活动的

物质维度的方式的关注,而正是这些物质维度有助于法律活动保持社会稳定性和持续性。(Gorski 2016)

人造物理论不适合于法律。这一点不应令人感到惊讶。认为立法法案、司法裁判、财产权、法律体系等事物都是人造物的理论,必然会将复杂、异质、充满争议且异质不断变化的法律现象都塞进像鞋子和椅子这样的理论框架中。法律人造物理论并没有产生任何无法通过社会建构主义更直接获得的有关法律的洞见。在回应类似这样的一个反对观点时,罗维西指出:"法律人造物理论并没有主张**取代**有关法律的社会本体论和制度理论,而是试图**具体化**这样一种理论,其方式就是表明对于理解法律性质而言,重要的是抽象人造物基于集体承认而得以建构的过程——通过这个过程,法律制度被实体化为抽象的人造物对象。"(Roversi 2019:59)不过他的回应错失了焦点。人造物理论并不是一种颇有启发的具体化活动。社会本体论和社会建构主义涵盖了整个社会领域,人造物是其中的一个部分而非其全部。将人造物理论扩展到法律现象使这种

2 法律人造物理论的困难

理论偏离了它最适宜的领域,在理解(address)法律现象的同时也扭曲了它。这种理论努力是不需要的,因为社会本体论和社会建构主义自然而然地已经涵盖了法律制度,并没有扩展理论,也没有扭曲法律。

3 / 法律之为社会建构

社会世界是我们富有意义的行动及其有意或无意的后果的产物。尽管它通过这些行动建立在一个持续流变的基础(ongoing basis)之上,却拥有着先在于我们且超出我们有生之涯的客观存在。语言、知识、惯习、社会实践、制度以及组织,都是由行动者所构成的共同体在持续流变的基础上集体产生的,人们出生于其中,在其中占据一席之地并参与其间,进而对之作出调整——这产生了由医院、学校、加油站、银行、工厂、政府办公室、法院、零售商店以及社会中其他一切事物组成的一个共同社会世界。这些就是普遍存在的被视为理所当然的得到社会建构的现象,我们在日常生活中沉浸其间并开展自己的活动。

社会建构在诸多议题中都有所讨论,从科学的社会建构到后现代主义。一些讨论关注观念(信念、概念、范畴、理论等)的社会建构,另一些则聚焦于"事物"(对象、实体、组织、制度等)的社会建构,还有一些则两者兼顾。

社会建构主义的解释性要旨意味着承认社会所共享的观念与行动,以及偶然性、历史发展还有变更的可能性的构成性作用。社会世界中存在的一切事物都可以通过不同的观念与行动得到不同的建构。许多提出社会建构主义的理论家会挑战物化现象(reification),强调偶然性、拆穿事物固定不变这个假定,并否认本质必然特征。(Diza-Leon 2013)尽管自然现象自始便存在,但我们所认为的物理法则和事实却是社会建构的理论框架,不同的框架会产生出不同的事实,这就如牛顿有关引力的机械论学说与爱因斯坦的广义相对论之间的差别所表明的那样,两者都是有效的,都是我们所依赖的框架。

在《法律概念的社会建构》("The Social Construction of the Concept of Law")中,弗里德里克·肖尔通过**法律概念**(*concept of law*)和**作为制度的法律**(*law as an institution*)这两者表达了如下观点。他指出,"不仅法律法规和整个法律体系是人类创造的,就连法律本身也绝非自然存在,而是一种人类的社会建构"。(Schauer 2005:496)据此,"以其集体信念和

3 法律之为社会建构

行动(同义反复地)建构了社会建构之物——被称为'社会'或'文化'——的人们,以这种还是那种方式建构法律,是不受约束的"。这对法律概念的可更改性(changeability)来说同样成立。此外,"不同的文化因此不仅拥有不同的法律制度,还拥有不同的法律概念"(497),这些概念会随着时间而改变与变迁。

分析法学家广泛承认法律是一种社会建构,但除了"法律通过我们的行动得以创造"这个显而易见的意涵外,几乎没有澄清过该立场意味着什么。我将表明这个立场会对法律理论有更为深远的潜在影响。为了阐明法律的社会建构理论,我以实用主义哲学家与社会学家乔治·赫伯特·米德阐明的大量概念为基础,兼及伯格(Berger)与拉克曼(Luckmann)的社会学经典著作《实在的社会建构》(*The Social Construction of Reality*, 1966)以及杰出的社会建构主义理论家阿尔弗雷德·舒茨(Alfred Schutz)的作品。米德的分析与塞尔还原论式的社会本体论如出一辙,却比后者更具启发意义,同时也并不依赖一种人为悬置的(神秘的)背景。在阐明米德立场的过程中,我补入了展现其对于法律的潜在影响的评述。

米德针对人类这种社会动物提出了一种自然主义学说,并将社会制度描述为一种涌现现象。他指出人类的思维是以语言和姿态(gestures)为媒介的符号性社会互动的产物,这就使得心灵彻头彻尾地具有社会属性:"在社会过程中我们与其他个体持续展开姿态的外部对话,在有关这些对话的经验中出现的内化过程,构成了思维的本质;以如此方式得到内化的姿态就是具有重要意义的符号,因为他们对于特定社会或社会群体的所有个体成员来说都具有同样的含义。"(Mead 1934:47)

米德阐述的两个概念如今被有关集体意向性的科学学说继受。(Tomasello 2014:122-123)第一个概念是我们将自身置于他人位置的能力,也即"扮演他人的角色",使得我们理解他人的角色,也能够通过他人的视角审视自我。(Mead 1934:73,109,150)这产生出社会互动中的"视角相互性",构成了一种彼此共享的理解,使得我们能够理解和预测彼此的行动、期待以及意图。(Schutz 1962:11-13)

3 法律之为社会建构

第二个概念是人类内化了整个共同体的"概化他人"(generalized other)的视角。(Mead 1934: 154)"一个在其自身中拥有共同体对于其行为普遍回应的人,就在此意义上拥有该共同体的心灵。"(268)

> 赋予个体自我统一性的那个有组织的共同体或社会群体,可以被称为"概化他人"。概化他人的态度就是整个共同体的态度。因此,比如在球队这种社会群体的情形中,只要球队——作为一种有组织的过程或社会活动——进入其任何个体成员的经验之中,它就是概化他人。(154)

这包含着从"许多视角向某种类似于'任何可能视角'的转变,后者本质上具有'客观'意味。这种'任何可能'或'客观'视角与一种规范性立场相连,便鼓励了如下推断,即社会规范和制度性安排这类事物是外部实在的客观要素"。(Tomasello 2014: 92)这些惯习与制度性安排是特定共同体的历史遗产。内化共同体回应的人们在自我约束的同时也会执行惯习性规范来约束他人:"共同体对于其个体成员的行为施加约束;因为正是以这种形式,社会过程或共同体作为一种决定性因素进入了个体的思维。"(Mead 1934: 155)有关儿童发育的大量研究表明,这一过程正是3岁到6岁之间儿童发育的组成部分。(Tomasello 2019)

通过第一个概念,人类得以理解自己与之互动的人们的受到社会影响的意向性行为,并从他人的视角反身性地审视自身;通过第二个概念,他们共享着共同体的观点,从作为整体的共同体出发反身性地审视自身,并将共同体的规范性惯习和制度性结构视为自己世界中客观存在的特征。因此,尽管人们是从主观的第一人称立场出发展开思考的,可是人类思维却是"集体的、客观的、反身的和规范的"。(Mead 1934,122-123)个体心灵因此极具社会属性。"个体只有在与其社会群体其他成员的自我的关系中才拥有着自我;他的自我的结构表达或体现了其所属社会群体的一般性行为模式,就如属于该社会群体的其他每个个体的自我的结构所表现出来的那样。"(164)

3 法律之为社会建构

尽管米德以至高无比的社会心灵来描绘人们,但他也强调人们保留有个体性。在总括性的共同体外,现代社会由许多彼此分化的次级群体构成,其中包括具有独特知识、概念、行为模式和实践体系的专门群体(俱乐部、政治党派、公司、宗教群体、物理学家、社会学家、法学家,等等;157)。比如,人们接受法学训练,在特定法律体系的角色与实践中展开活动,内化了法律知识以及思考法律、实践法律的方法。与比同时,人们在社会中居于不同的位置,其中包括在具有各种各样于社会层面得到共享的意义、规范和角色的多重社会群体中的位置;一个个体是一位母亲、一位法官、一位妻子、一位信徒、一个俱乐部成员、一位朋友,等等。人们也具有自我取向的以及合作性动机,且参与旨在实现生存、获得所欲善好(包括有意义的关系和生活)的活动,并改善自己的物质条件。人们具有独特的能力、性格特征、好恶以及创造力和打破惯例与规范的能力。"每个个体性自我都有其个体性,其自身独特的模式,(并且)从该过程中自身独特且特定的立场出发而实现这种个体性和模式。"(201)

我们的大量社会互动都是通过习惯、惯习和默会知识而在潜意识中发生的。当我们遭遇问题、新情况、困惑不明的期待、意料之外的情境或事件、激起替代性解释和行动过程的冲突、预估可能的良好结果或糟糕后果以及可行的解决方案时,反思性思维就会发挥作用。"运用智识(intelligence)的过程就是延迟、组织和选择对于给定环境状况的回应或反应的过程。"(100)同样,大量法律活动,包括律师活动和法官活动,都是通过习惯、惯习和默会知识发生的;反思性法律分析主要出现在新的情境以及出现问题的场合。(参见 Dewey 1914)

社会制度在社会中彼此相连,并随着时间推移而变迁。米德发现,"仅仅罗列这些重要的社会制度(学校、教堂、社会控制制度、经济过程、沟通手段)就呈现出了它们彼此之间的重要关系……没有任何制度能够独自存在,它们中每一个的发展都是它们所有制度运作过程的结果"。(Mead 1938:496)不过社会"并不是一种有机整体"。(497)社会制度和在其中工作或运用它的人们,在展开多方面合作的同时,也会具有彼此冲突的利益和对资源与

3 法律之为社会建构

权力的彼此竞争的需求。"具有自己所指向的某种善好的社会制度,会主张自己的存在并加以维系,但却会发现自己在该主张中与其他制度及其善好相互冲突。"(498)社会制度是稳定的,但却会随着(技术、经济繁荣与衰退、自然灾害等)新发展而持续变迁,会竞争资源,会批判性地反思当下的环境、解决问题,并试图改善环境。法律制度也同样与周遭社会制度彼此相连,当相关参与者为了特定目标而掌控和运用法律时,法律领域中往往就会出现社会制度间的冲突与竞争(Tamanaha 2006)。

社会存在的实践性、历史性和变迁性要素的一个潜在影响,就是过往在使得当下成为可能并对之施加约束的同时,又投射出了未来;"任何新兴的事物必须满足当下的限定性条件,通过过往的限定性条件必然能够表达这种新兴的事物"。(Mead 2002:86-87)普遍共享的信念、既有的制度性结构以及体现累积的社会知识的工具与技术,构成了传统的积淀物——与此同时又为未来的发展提供了媒介。(Berger and Luckmann 1966:67-72)任何东西都不会凭空产生或从零开始。"在从过去到未来的过程中,当下的对象既新且旧,这一点对于该对象与其所从属的系统中的所有其他成员的关系来说同样成立。"(Mead 2002:76-77)"现在一个极为重要的事实是,构成社会和心理学对象与事件的自我理解本身就具有历史性,因为它们受制于源自各种各样(由于内部和外部资源的)概念创新的持续变迁,这些创新得到了群体成员的引入和逐渐接受。"(Fay 1994:100)因此,法律概念、教义、实践和制度受到它们在法律传统中的历史发展的构成和制约,即使它们在不断发展变化着。

米德把他的观点运用于法律领域。他从自然主义和进化论的角度描述法院的历史发展。他指出,支撑刑罚与社会团结的因素,是一种体现在增进群体联结和支持遵从的原始动力中的"敌意"本能。"对于犯罪的厌恶,体现出一种与群体的团结感,这种公民感一方面排除了那些违反群体律则的人,另一方面则阻止了该公民自身的犯罪倾向。"(Mead 1918:586)神经学方面的研究支持了米德的推断,这些研究表明当公民惩罚违规者时,激活了违规者大脑中与痛苦、愤怒和厌恶相关的部分。

(Wilson 2012:250-251)"惩罚的决定和这样做的充满激情的动力,是一种活跃的边缘状态。"(Sapolsky 2017:610)米德指出,非正式法庭(由长老或首领主持)出现后确定责任与刑罚,发挥了阻止同态复仇的功能,它成为高度分化的现代社会中的正式法院的前身。

米德运用"扮演他人角色"和"概化他人"来解释财产权是如何得到社会建构的:

> 该制度表征着共同体所有成员对一种特定情境作出的共同回应。这种共同回应当然会随着个体的特征而有所变化。在盗窃的情形中,治安官的回应就不同于总检察长,也不同于法官和陪审员,等等;但是它们却都是维系财产权的回应,涉及对他人财产权的承认。这就是具备不同形态的共同回应。有人寻求警察的帮助,有人期待州检察官有所行动,期待法院及其各种公职人员启动审判罪犯的过程……这些有组织的回应系列彼此相连;如果有人呼唤其中一个系列的回应,他潜在地就是在呼唤其他系列的回应。

> 因此，社会制度就是群体或社会行动的有组织的形态——这些形态非常具有组织性，以至于社会的个体成员能够通过采纳他人对于这些活动的态度而充分地、社会地行动。(Mead 1934: 261)

组织（检察官办公室、法院、警局，等等）中的人们趋向于建立在得到集体承认的角色、责任、路径、实践和规则基础上的特定目的，参与同其他人在其他法律制度中的行为存在各种各样联系的诸多活动。根据这一论述，共同体和律政官员本身都没有有意创造法律体系。相反，法律组织受制于周遭的影响，在历史中逐渐演进为现有的制度安排，这些制度安排从整体上——源自任何可能视角的概化他人——构成了法律体系。

组织的结构通过以目的性活动为中心的规则和角色得以建构，它通常得到由建筑、工具（电脑等）、记录保存、金融资源等因素构成的物质基础的支持。组织中的人们沉浸于关联了惯习、知识、规范性取向以及行为标准的共同实践——一连串完成这些活动的典型

3 法律之为社会建构

方式。比如,法官在从事审判工作时,会运用法律知识、法律推理、司法角色的规范,以及所感受到的对于其他法官和诉讼人的义务,同时也受到这些因素的影响;警察在从事警务时,会运用观察和调查的技能、对于公众的责任,以及对于警察同事的义务等,诸如此类。人们参与并维系这些由实践、知识体系和制度构成的等同于亚文化和生活方式的复合体,并受其影响。

不过米德也强调,人们的行动并**不是**受到其制度性角色和责任的**严格决定**的,并且由于个体和社会群体之间的差异,存在着多元化的视角。实践、角色和规范提供了"大量的原创性、反思性以及一系列诸多这类行为的空间"。(Mead 1934:262)这正是上诉法院合议庭中法官常常具有相同意识形态却能够真诚地对法律条款的解释存在分歧,并为不同的裁判结果撰写理由充分的法律证成的原因。

米德将整体论(holism)、历史主义和冲突融为一体,以便解释在时间长河中得到社会建构的法律权利概念的变迁。他的历史分析表明,权利的每一种表达——霍布斯(Hobbes)的学说、洛克(Locke)的学说、《独立宣言》(Declaration of Independence)中的表述、法国《人权宣言》(Declaration of the Rights of Man)中的表述,等等——都是在特定的"危险与障碍"的条件下以及根据脑海中特定的目标形成的。(Mead 1915:142)此后,权利就脱离了原初的含义而变得抽象起来,进而出现了产生新含义的更进一步的适用语境。米德认为"我们从作为自然权利的生命、自由、安全、平等和追求幸福开始",但是它们"无法根据其内容界定。"(150)随着社会、政治和经济观点的变化以及不同利益之间冲突的出现,权利的意涵以不同方式得到充实。"显而易见的是服务于所有这些目的的范畴,必然是抽象且缺乏内容的,它们的内容应当通过出现在光秃秃的地板上以及遥远高墙之间的斗争而充实。"(151)劳工和雇主之间在他那个时代存在着激烈斗争,体现在立法和法院中就是社会福利和劳工立法与法院实施的合同自由和财产权。(152)

米德有关权利的论述表明了持续不断的社会论争是如何赋予法律意义的,这表明法律不仅体现了社会与道德规范,还是个体利益与社会利益之间展开持续斗争的场所,这些利益支持和运用法律来实现其自身利益与目标。他的动态描述与分析法学家认为法律是由维系社会秩序的规则体系构成的学说(稍后会谈及这一点)形成了鲜明对比。

4 / 社会建构主义的五个潜在影响

社会建构主义,特别是米德的论述,为法律理论开启了一系列洞见,这些洞见涵盖了司法判决的过程以及对其的影响,法律变迁与变革,法律如何成为社会的组成部分又如何相应地受到社会力量的塑造,法律如何通过个人与集体的法律规划(projections)得到建构,等等。这里简要地讨论一下它与当下分析法学在五个方面的直接关联(其中一些会在之后的章节中详加论述)。

其一,社会建构主义不会遇到法律人造物理论的和种困境和局限,反而对法律现象提出了更为全面和充分的洞见。法律、法律制度、法律组织和法律体系并不是由作者或创造者有意创造的单一实体,而是包含着多种多样且持续存在的社会与历史过程,它们通过社会利益、争论和具有有意或无意后果的个体行动的复杂互动而兴起、演进。它没有设定创造者有意创造了法律、法律制度和法律体系,而是设定了一个既有的社会法律世界,这个世界通过前几代人和同时代人的聚合行动而形成,法律行动者和共同体成员加入、内化、参与、维系、挑战、修正和发展这个世界。

其二,社会建构主义包含着自然主义因果论。米德受到进化论的影响,将人类社会互动大体上与动物放在同一个连续统中。社会建构的产生本身受到自然条件的影响且受其约束,它是自然世界的一部分,受到人类自然特征和社会要求的塑造。结果就是如肖尔所言,从社会建构主义中不会得出"法律在任何有价值的意义上都不具有自然属性"的结论。(Schauer 2005:496)恰恰相反,受到社会建构的法律具有深刻的自然主义关联。如果法律是人类社会秩序中自然要素的产物,这类法律的基本语料库应当就存在于共同体内,其他与法律和社会要求相关的模式也会存在,但却呈现出巨大差异和变化。

其三,它挑战了当下法哲学家方法论立场的一个基本方面。当法哲学家思考法律性质时,他们将法律从周遭条件和力量中抽象出来,可是社会建构主义认为法律与其他社会

4 社会建构主义的五个潜在影响

制度密不可分地相互交织、彼此互动,关注法律的多重样态(接下来会说明),关注不同社会语境和时间跨度里社会中法律和法律角色的变迁与改变。这意味着从静态地孤立看待法律,转变为动态、历时性和共时性地审视法律。

其四,社会建构主义的集体承认要素转变为一种由下至上的看待法律的视角,提供了以国家法概念这种自上而下投射性视角为基础的通过直觉来分析法律的法律理论家所忽略的洞见。包括法律在内的一切社会制度的社会建构中**唯一**重要的因素,就是特定群体内的集体承认。集体承认决定了**谁**算作律政官员;他们——作为立法者、法官、检察官、警察,等等——行使**何种**具体的法律权力;以及**什么**属于法律。基于一种想象的自上而下的国家法图景,分析法学家几乎毫无例外地通过两个彼此相连的因素分析法律:官员运作的法律体系以及其所针对的区域社会——我将此称为国家法一元论。与此相反,社会建构主义以集体承认(进而构成)法律的共同体为起点,这表明在许多社会中有不止一种法律得到承认,这是法哲学家长久以来忽略的一个事实。

其五,由前所述,与"法律是什么"(What is law)这个经典问题相关。这个问题中的英语单数表达——is——假定了法律是包含一系列特征的单一形态的事物。可是如果得到集体承认的法律一直随着社会变迁而演进,就不难设想法律假定了在不同社会与时期中具有不同的形态和功能。因此,与人类自然特征和社会生活的要求相联系的共同特征尽管可能存在,但法律的表现形式并不必然具有本质必然特征。

最后,我谈一下**并不**必然推导自社会建构的潜在影响:社会建构不可能是自然类。肖尔指出,"我相信法律是一种社会建构而非自然类",言下之意这两者是相互排斥的。(Schauer 2005:496)基于自然主义立场,如果具有某种共享特征的法律独自出现于人类共同体中或被复制来满足同类需求,就可以提出这样一种观点,即法律的某些表现形式(虽然具有一连串特征)构成了某种自然类。(参见 Khalid 2019;Millikin 1999)人类天生就是社会性动物,在此意义上,人类的社会创造与自然产物是一以贯之的。在其他著作中,我归纳性地将得到惯习性承认的法律形态分为具有典型特征的三个类别——社会交往的根本法则、政权法(regime law)以及政权间法(cross-polity law)——这些法律类型或许指向了这个方向。(Tamanaha 2021)*这类主张必须在分析意义上得到确立的同时有经验证据支持,但后者尚不存在,不过这种可能性并未被排除。

以前述有关社会建构主义的概述为前提,我现在考察分析法学家所提出的一系列有关法律的核心主张。

---

* 这三个概念是塔玛纳哈用来讨论不同历史与现实语境中法律形态的基本范畴。社会交往的基本规则即社群法,是人们在日常社会互动中使用的规则体系;政权法是构成、维持和实施执政的权力的法律;政权间法是处理组织化的政治体间或跨政治体的事务的法律。有关这些概念的分析和译名探讨,参见〔美〕布莱恩·塔玛纳哈:《法律多元主义阐释:历史、理论与影响》,赵英男译,商务印书馆 2023 年版,第 21 页。

5 / 有关法律功能的理想化论述

许多法哲学家将社会功能视为法律的一个根本要素。（参见 Moore 1992：213）约瑟夫·拉兹是这一立场的代表，他指出："一切法律体系都至少在最微弱的程度上——我无法具体指出其微弱程度——**必然**会发挥将要提到的各类社会功能（指引行为、解决纠纷、提供服务，等等），并且这些功能都是他们所发挥的社会功能的主要类型。"（Raz 2009b：167，强调为引者所加）以法律功能为核心的理论可以被归为三类。最强的主张为法律是一种功能类。（functional kind）次强的主张是法律的功能解释了法律的存在，但它却并非法律性质的必然或充分条件。（Ehrenberg 2016）最后，许多法律理论家将法律的功能等同于通过消除纷扰和解决纠纷来指引行为、协调行为或维持社会秩序——不过他们并不必然会主张法律因这些功能而存在。在每种类别中都有各式各样的理论，且它们提出的议题太过复杂而无法详述。（相关批评参见 Green 1998）在本章中,我运用社会学视角来批判性地考察前两个类型的理论,在第七章中考察第三种类型的理论。

首先要对功能略作说明。我们通常从目的论角度理解功能:某种事物所服务于的目的或目标。这种目的可能是一个设计者有意赋予的(这是人造物理论),抑或是在没有设计者的条件下通过进化过程得到选择的(比如心脏的功能是血液循环)。提出强功能主张的分析法学家极为倚重"单纯的"功能和"适当的"(proper)功能之间的区分。单纯的功能包含着某种事物发挥的作用、试图实现的目的以及发挥作用的方式。与此相反,适当的功能是该事物所服务于的目的,是解释其存在的目标。"单纯的功能或能力就是一个物体所做或所能做的任何事情。但是适当的功能就不仅是一个对象所拥有的任何能力或效果,甚至也不是一个对象倾向于展现的有关其使用与效果的共同趋向和模式——它是一个对象拥有的一种能力或效果,它在某种意义上是该对象**由于成为该类对象而被认为拥有**的那种事物。它解释了该对象为何成为其所是(的这类事物)。

它是对象的本质目标。"(Mihal 2017:126)一个事物基于某种目的而被设计或选择这一点,决定了该事物被认为具有的目标。艾伦伯格总结道:"一个事物的合适功能就是它产生(或被认为产生)的典型目的,后者解释了该事物的存在、发展或选择。"(Ehrenberg 2016:21)合适的功能包含着如下规范性要素,即得到选择的事物**能够胜任**实现该功能,不过并不要求该事物总是能够实现该功能(功能失灵是可能的)。它也不要求该事物只实现该功能。

值得注意的是,一些分析法学家运用上述区分将法律的意料之外或潜在功能贬低为不合适的功能(如艾伦伯格所认为的那样)。社会学家罗伯特·默顿(Robert Merton)阐释了显功能—潜功能的区分:"显功能"是"那些归属于系统的调整或调适的客观后果,这些后果是系统内参与者预期之中的并得到其承认";"潜功能"是"不在参与者预期之中也没有得到其承认"的客观后果。(Merton 1957:51)比如,对于印第安霍皮族人祈雨舞来说,显(意图中的)功能就是把雨水带给种植物,但其潜功能则是增进群体团结(意图之外的后果)。非意向性的功能主义解释所面临的挑战是,通过后续影响来解释原因在逻辑上是行不通的。群体团结的增进无法归因于增进群体团结的舞蹈。更确切地说,舞蹈的出现一定是因为其满足了一个**最近切的**(current)倾向——就如人类有关集体节律性运动的自然倾向及其为参与者和观察者所带来的即时性快乐一样——同时,以一种有助于舞蹈和集体性持存的方式增进了社会团结。我将会表明,忽略了潜功能会导致对法律的扭曲认知。

法哲学家迈克尔·摩尔(Michael Moore)从功能角度富有洞见地考察了法律。(Moore 1992: 212-217)就本章的目的而言,对其分析的扼要概述便已足够。摩尔解释说,若想有一个坚实的分析起点,理论家就必须设定什么是法律。接下来,这个理论家就提出一个有关法律特征的临时清单,比如强制性惩罚和服从的习惯(奥斯丁)、对其自我创设的规制(凯尔森)、初级规则和次级规则的结合(哈特)、道德权威(菲尼斯),等等。之后他要识别出法律的目的或功能:使人类行为服从法律的指引(富勒)、通过法律的可预测性增进自主性和自由(哈耶克)、

5 有关法律功能的理想化论述

促进群体生存(哈特)、增进共同善(菲尼斯),等等。紧接着这个理论家要考察他所识别出来的特征和功能之间的联系,既要从特征开始来确定它们是否构成实现目的的必要手段,也要从目的出发来确定其所包含的结构。正如这个分析所显示的那样,法律理论通常由形式和功能共同构成(Tamanaha 2017:chapter 2;稍后会更详细地加以论述)。

摩尔认为,"一个严肃的反对观点"是"上述分析只是假定法律服务于一个目标(也即,法律是一种功能类)"。(Moore 1992:219)这个分析是"循环论证",因为探究法律的目标假定了法律**拥有**一个目标。法律功能学说的支持者的答案是,法律向来是出于该目标而被设计或选择的。可是这个回应仅仅把讨论推回到法律实际上是不是服务于特定目的的得到设计或选择的人造物这个问题。如果更好的学说是,法律是一种以多样方式运用于多重目的的由强制力所背书的宣告和实施法律法规的制度化体系,那么法律就成为没有任何特定或典型目的的工具。(Green 1998;Tamanaha 2017)因此,法律体系就是作为一种制度化手段而发挥作用的。

若想更深入地剖析有关功能主张的疑虑,我们必须拆解支撑在有关法律的功能性分析背后的一个双重假定:法律具有(1)"典型目的"(功能),(2)服务于作为整体的社会(功能所服务于的更为广泛的社会单位)。这些假定建立在稍后将详细讨论的有关一元论国家法的构想之上。第一个假设之所以有问题,是因为法律做各种各样的事情——所以为何将某些事物而非另一些事物视为法律的**典型特征**?思考一下,所有国家的法律体系都包含着服务于政府权力和该法律体系自身的法律法规:税收、费用、习惯,反对煽动叛乱、暴乱和叛国的法律,要求强制性服务(军队、陪审团等)的法律,禁止向官员撒谎或抵抗官员的法律,等等。没有任何功能主义分析认为法律的目的是服务于政府权力和法律自身,可这却是国家法的一个典型特征。

当然,大部分法律理论家会坚持认为,政府和法律体系并非为了其自身而存在,而是服务于社会,所以服务于政府权力的法律的最终

5 有关法律功能的理想化论述

目的就是使之服务于社会目的。潜在地依赖于这一假定,许多法哲学家提出了所谓的有关法律社会功能的理想化学说。可是过去和现在都存在着诸多威权制度,并主要将法律用于维护其掌控权力(参见今天的朝鲜)。亚当·斯密(Adam Smith)指出,"一个政府的存续,通常并不是为了这个国家而是其自身的存在"(Smith 1982:547)。

这使我们转向了第二个假设——法律服务于作为整体的社会。有关法律,人类学、考古学和历史学讲述了一个不那么温情脉脉的故事。比狩猎采集社会更大一些的社会——在世界不同地区各自出现的酋邦和早期国家——呈现出法律施加的不平等这种彼此一致的模式。(参见 Flannery and Marcus 2012)优秀的国家发展学者亨利·克莱森(Henri Claessen)评论道:"在(早期)国家中**总会**发现大量的不平等。一些幸运的少数群体有钱有权,但占据绝大多数的其他所有人都无钱无权。"(Claessen 2002:104,强调为引者所加)法律维护着这种制度安排。"国家最具戏剧性的创新之一,就是中央政府垄断了暴力的使用,根据法律规则来分配正义。"(Flannery and Marcus 2012：476)《汉谟拉比法典》(Hammurabi's Code)中充斥着有关身份地位的区分,后者实施着精英与男性针对女性、儿童、下层阶级和奴隶的权力。根据罗马法,每个身处自由出生的男性罗马公民之下的人(妇女、儿童和奴隶)都会受到不同程度的法律限制。从16世纪到20世纪,在非洲、亚洲和大洋洲的西方殖民者的法律制度迫使原住民服务于殖民权力及其移民人口的政治与经济利益。美国的奴隶制度和种族隔离法律使非裔美国人在法律上受到了白人的束缚和羞辱。

几个世纪之前的理论家已经指出,法律以社会中其他人为代价而服务于掌权者。鲁道夫·冯·耶林(Rudolph von Jhering)写道:"任何将一个民族的法律结构追溯到其最终源头的人都会发现这样数不胜数的情形,在其中强者的力量为弱者设定了法律。"(Jhering 1914：185)亚当·斯密深刻地指出:"法律和政府在这个情形以及实际上是每个情形中都可以被视为如下两者的结合,即富人对穷人的压迫以及为自身而维系物品的不平等分配,不然这种不平等很快就会在穷人的攻击下土崩瓦解,这些穷人如果不是受到政府的阻拦,很快就会通过公开的暴力而使他人与他们自身处于平等状态。"(Smith 1982:208)这种法律观点可以追溯到几千年前色拉叙马库斯(Thrasymachus)在柏拉图的《理想国》(*Republic*)中的看法:

> 不同形态的政府,为了他们自身的诸多利益,而使法律具有民主的、贵族的和独裁的特征;这些政府为了自身利益而创设的法律,就是它们提供给其国民的正义,违反法律的人就会被视为违法者而受到惩罚,并且是不正义的。这就是当我说在所有国家中都存在着相同的正义原则,亦即政府的利益时,我想表达的意思;由于人们认为政府必然会掌握权力,唯一合理的结论就是,在每个地方都存在着一个正义原则,这便是强者的利益。(Plato 1991:20)

奥利弗·温德尔·霍姆斯(Oliver Wendell Holmes)实事求是地指出:"任何可能暂时拥有

最高权力的人或机构,注定会有不同于权力竞争中失败者的利益。更强势的利益注定会或多或少地体现在立法中。"(Holmes 1873:583)哈特在指出如下这一点时,即"只要人类能够从一些人那里获得足够的合作,使之得以支配他人,他们就会将各式各样的法律用作自己的工具",几乎断言这反映了人类的天性。(Hart 1994:210)

大量的历史证据支持了如下主张:组织和实施社会中特定利益对于其他利益的支配是法律的典型功能之一。可是分析法学家所支持的功能主义理论几乎不提法律的支配功能。为什么会忽略无所不在的法律支配现象?法哲学家并没有认为自己是在有意隐藏法律的不利因素,但是他们有关法律的理想化的功能主义学说却有此效果。斯科特·夏皮罗是这一立场的典型代表,他指出:"法律的**功能性目的**,就是矫正与合法性环境相关的道德缺陷";"法律的**任务**就是处理替代性社会秩序形态的道德缺陷"。(Shapiro 2011:213,强调为引者所加)

5 有关法律功能的理想化论述

分析法学的功能分析受到两方面障碍的约束,后者导致了一种有关法律功能的无害化理论。第一个障碍我们已经提到过,就是法律服务于**作为整体的社会或共同体**,而非其一部分或政府本身(以及控制政府和从中受益的社会群体)或这个假设。第二个障碍内在于仅仅关注"合适"功能的理论动机。重复一下,合适的功能就是那些有意设计或被设计抑或选择的功能。

但当法律被用于支配时,它通常**并不是有意为之的支配**。通过意识形态的、宗教的、传统的抑或文化的正当性证明,法律被视为好的、正确的抑或事物的自然秩序,这构成了有关法律的共享信念。甚至那些受到支配的人可能都没有意识到这种支配,而将自己的境遇视为妥当抑或自然的。几千年前,"人们通常主张法律源自诸神,诸神通过统治者的正式宣告传递给人们"。(Trigger 2003:221)"巴比伦国王汉谟拉比声称,他是在乌图神(Utu)或沙马斯(Shamas)的命令下编纂了自己的法典,乌图神或沙马斯是太阳神,因而看到人类所做的一切,也是正义的守护神。"(222)

这同样也适用于现代社会。美国进入20世纪很久之后，女性都不能投票；财产归属于丈夫；与妻子相关的法律主张都是丈夫的主张；在各种法律劣势地位中，尤为重要的是丈夫不会因强奸其妻子而受到起诉。这并非男性蓄意针对女性的法律支配，而是与体现了有关女性和婚姻的文化与宗教信念的长期法律规则相关。美国最高法院在1876年的一个支持禁止女性从事法律职业的判决中，援引了"造物主法则"，即"女性首要的命运与使命就是完成妻子和母亲这个神圣且仁慈的职务"。(*Bradwell v. Illinois* 1876：142)历史和今天中的许多法律体系都对女性施加了系统性地法律能力剥夺(legal disabilities)，这不是因为男性有意设计法律来压迫女性，而是因为依据盛行的信念这些法律被认为是正确的。但是女性在法律上受到了压迫。

31 如上所述，"合适"功能的局限性抹杀了法律的大量工作。此外，上述讨论强化了先前的一个观点，即**意图**、人造物理论、功能主义理论和塞尔的集体意向性是有瑕疵的，因为它们忽略了使意向性行为得以可能并对之加以塑造和形塑的社会性因素(塞尔将这些因素归入背景概念)。人们具有受到社会影响的心灵和共享的意义,并在由社会生成的观念性和制度性既有语境中活动——这些语境由彼此相连的文化、习俗、道德、法律、经济、技术和生态因素构成和环绕——人们本身并未有意创设这些语境。仅仅建立在意图之上的理论之所以存在缺陷,是因为包括法律在内的社会所建构的世界中大量重要的事物,都是先前既定的、前意识的、前意向性的观念、信念、结构、实践和制度。

最具野心的功能性论述认为法律是一种**功能类**——功能界定了法律的性质。所有这些观点都由于事物和功能之间的两方面关系而不可避免地失败:**多重适用性**和**功能等价物**。其一,大部分事物都可以通过多重方式被用来服务于多重功能。法律由于有多重功能而无法迳过单一功能得到识别。一种足够普遍而能涵盖所有可能使用的表述——比如,法律的功能就是实施规则体系,法律的功能就是作为一种手段——是毫无信息含量的。其二,大部分功能能够以不止一种方式得到满足。

如果某种事物的性质是通过其功能而得到界定的,那么实现该功能的每种事物都会被涵盖在内。结果就是当法律通过协调行为或维持社会秩序而得以界定时,任何协调行为或维持秩序的事物就**都是**法律,这导致了涵盖过度。出于这些理由,艾伦伯格承认功能无法构成法律的充分和必要特征,他接受了如下不那么强的立场,即"任何有关法律的充分解释,必然要通过其所完成的社会功能为之"(但是他排除了潜在功能,因为这些功能并不是有意为之的)。(Ehrenberg 2016: 46)

简·米哈尔(Jan Mihal)近来提出了一种会导致涵盖过度的"法律是一种功能类"的观点。他假定法律的功能是指引行为和维护社会秩序。他承认语言、习俗、道德、习惯、礼仪以及其他社会现象也维系着社会秩序——它们都是法律的功能等价物。米哈尔诉诸"合适"功能来排除这些其他的社会秩序模式,他认为,"尽管道德规范、习惯和社会习俗可能碰巧会维护社会秩序,但它们因为维护社会秩序而得到选择或设计几乎是不可能的"。(Mihal 2017: 131)这个他没有提供任何解释或经验支持的主张,是为特定论证目的而暂且提出的——这不过是另一种使得法律具有独特性、成为被选择的那种事物(the chosen one,就是字面含义)的理想化学说。马默指出,"法律并不是我们文化中唯一的规范性领域;道德、宗教、社会惯习、礼仪等也以许多类似于法律的方式指引人类行为"。(Marmor 2019)考虑到法律与道德规范和习俗的紧密关系(想一想习惯法)以及它们在功能方面的大量重叠,认为只有法律被设计或选择来实现某种功能而其他规范则不实现此种功能是令人怀疑的,而且这个问题无法通过哲学思辨来解决,因为设计或选择是一个经验层面的因果关系主张。米哈尔完全承认这些其他的社会现象可能被设计或选择来维系社会秩序:"在此情形中,它们需要被视为'法律'这种功能类中的成员,因为它们拥有同样的合适功能。"(132)结果就是道德、习俗、习惯等**都是**法律。这种结果是功能分析的逻辑使然。在本书第九章,我会解释为何从形式和功能角度界定法律会遭遇这种问题。

6 / 法律体系与鲜活社会关系的脱嵌

几乎所有分析法学家都持有的一个假定是法律指引社会行为。下一章会批判性地考察这个假定。为了铺垫相关讨论,我首先需要强调有关法律体系的一个重要潜在影响,它一直很少得到关注。在哈特有关法律出现的目的是解决(前法律的)原始社会中不确定性问题这个寓言中,法律的指引功能发挥着决定性作用。他告诉我们,在仅仅受到初级规则体系(习惯法)管理的社会中,当人们对规则是什么或规则的适用范围心存疑虑时,就会出现不确定性。他写道:"对于初级规则体系的**不确定性**的最简单救济形态,就是引入我们所说的一种'承认'规则。它会具体化某种或某些特征,这种或这些特征被一个人们提出的规则拥有,就意味着如下确定无疑的结论,即该群体规则得到了它所施加的社会压力的支持。"(Hart 1994:92)得到惯习承认的承认规则为次级规则——律政官员用来承认、变更和适用对于社会群体而言具有义务性的初级规则的规则体系——提供了基础。

重要的是,哈特提醒了这样一种危险,它伴随着律政官员为了创设法律体系而设立的制度出现:

> 从初级义务规则是社会控制唯一手段的简单社会形态,过渡到具有中央集权的立法机关、法院、官员和惩罚的法律世界,这种实实在在的收益是有某种代价的。收益就是对于变迁的适应性、确定性以及效率,这些收益非常巨大;代价就是中央集权可能会以更简单的初级规则体制所不能的方式,被用来压迫它不需要其支持性态度的社会成员。(Hart 1994:202)

这是一种永恒的关切。(Green 2008;Waldron 1999)它强化了先前提到的一点,即经验证据的重要性表明,法律的一种典型功能就是实施政府自身的支配,以及社会中特定群体对于其他群体的支配。

不过哈特没怎么关注对于法律确定性和

6 法律体系与鲜活社会关系的脱嵌

法律指引功能带来有害影响的另一系列后果——这些后果与其主张的核心观点完全相反。正是由于法律体系的存在,许多不确定性才会出现。说得难听点,官员担任职务的法律体系的创制,导致了明示的规则和律政官员所实施的规则以及社会生活中得到实际遵循的规则之间存在着本体论缝隙。这种本体论缝隙之所以会存在,是因为这些不同规则的相应存在条件不同。因为一个法律体系若要存在,起码需要满足的一点是**律政官员**必须集体承认和运用该体系本身的(初级与次级)规则。相反,当法律规则在共同体内被广泛接受为标准且体现在社会行为中时,习惯法就会存在。对于共同体来说,其不确定性源自法律体系,因为无法保证律政官员承认和实施的法律与共同体中被人们视为法律的事物彼此一致。

由律政官员担任职务的法律体系实际上导致了法律与共同体**脱嵌**。(参见 Postema 2008)这一点值得强调:存在着一种由法律体系引发的独特不确定性,即被官员承认为法律的事物是否与共同体认为是法律的事物相一致——当律政官员担任职务的制度化法律体系不存在时,这种不确定性也不复存在。另一种不确定性是由于律政官员在任何时刻根据其意志宣告和变更法律的能力而存在,但这不会发生在得到共同遵循的习惯法规则中。还有一种不确定性源自律政官员在其法律活动中运用的专业化的法律知识、程序和实践,以及法学家在体系化和理性化法律时所作出的努力,它们创造出普通人可能并不理解的法律概念与推理。在现代社会中,这种与共同体的脱嵌以及随之而来的不确定性,由于律政官员及其使用的高度技术化的术语、概念和程序所产生的大量法律法规而愈加严重。

34   强调法律体系的脱嵌,并不意味着它们是自足的;法律与社会因素的影响融为一体,且完全受制于后者。简单而言,强调法律体系脱嵌指的是一群律政官员有权宣告什么算作法律,这带来了如下可能性,即他们制定并实施的法律与通行的社会规范和理解并无必然关联。

即使律政官员声称承认共同体的习俗与道德规范,共同体中的法律体系的脱嵌也会

6 法律体系与鲜活社会关系的脱嵌

由于制度性区分及其产生的不确定性而存在。杰里米·边沁(Jeremy Bentham)提出了法官的习俗("法庭中"的习俗)与社会中得到遵从的习俗("普罗大众"的习俗)。(Bentham 1977:165-180)欧根·埃利希(Eugen Ehrlich)在法院和法官所运用的"裁判规范"与"法律命题"以及社会联合体内的"行为规范"("活法")之间作出了类似的区分。(Ehrlich 1936:121-136)有关非洲习惯法的研究区分了法院承认的"司法习惯法"与在共同体内得到遵循的"活的习惯法"。(Woodman 2011:24-25, 27)唐纳德·凯利(Donald Kelley)在他有关西方法律思想的权威研究中指出,这种分离式法律体系的一个常见后果是:"即使具备得到大众'支持'和'默示同意'这些条件,习俗也与其社会基础丧失了原初关联,并受到法律和政治权威的控制";"从'习惯'向'习惯法'转变的真正意义……就是法律专家再一次发挥重要作用"。(Kelley 1990:106)

哈特认为法律体系的一个好处,就是减少了普罗大众在可适用的法律规范方面的不确定性。但是如前述讨论所表明的那样,由于在共同体中得到遵循的规范与得到法律体系承认的规范之间的本体论分离,法律体系创造了许多同样严重(countervailing)的不确定性,它们具有的潜在影响几乎没有得到分析法学家的关注。

7 / 法律所谓的指引功能

法律的功能是指引行为这个观点,在法哲学中居于核心地位。它与先前提及的协调功能是彼此一致的,因为人们通过法律提供的指引能够协调彼此的活动。在一段常常得到引述的文字中,哈特指出:"我认为在为人类行为提供指引以及为这些行为提供批判标准之外,探究法律本身所具有的更为具体的目的是非常徒劳的。"(Hart 1994:249)拉兹将他的排他性实证主义法律理论的权威主张,通过三个步骤与社会渊源命题和法律的指引功能联系起来:(1)法律将其自身呈现为一种不诉诸任何其他证成的具有约束力的权威;(2)"它通过提供公开可确定的指引行为和规制社会生活内容的方式来这么做,且只能如此";(3)"结论就是一定能够在不涉及证成性论证的条件下识别这些(具有约束力的法律)裁定",因此法律必然只能通过社会渊源加以识别。(Raz 2009b:51-52)拉兹解释说:"法律体系……确实为个人提供了指引。它们包含着确定个人权利与义务的法律法规。这些都是法官在解决纠纷时必须加以适用的法律,正因如此,它们也在法庭面前为个人在诉讼中的权利与义务提供了指引。"(112)他接着提到:"法律的本质体现为,它期待人们意识到其存在,并在合适时候受到其指引。"(95)斯科特·夏皮罗的观点与此类似,他指出,包容性法律实证主义是错误的,因为将道德标准纳入法律无法满足法律的指引功能。(Shapiro 2000)他写道:"我们可以说法律规则的功能就是指引行为,因为它们都是由以指引行为为目的的制度产生的。"(169)杰拉德·波斯特玛认为指引是法律运作的**唯一**典型方式:"法律的核心**运作方式**(*modus operandi*)就是指引具有智识的、自我引导的行动者的行为,其方式就是向之宣告期待其行为所遵从的一般性规范。"(Postema 2008:50)

以上论述从三个方面将法律的指引功能同其实效联系在一起。首先,承认规则必须具有实效,这指的是律政官员在识别何者构成有效法律时,它必然会得到惯习性遵守。如果法律在律政官员中不具备实效,法律体系就不会

7 法律所谓的指引功能

存在,也不会运行起来创制法律。其次,假定法律是通过得到惯习性遵循的承认规则被宣告的,律政官员必须实际上实施(执行且适用)该法律。如果缺乏这种实效,法律实际上就无法指引律政官员的行为,结果就是无法指引大众的行为。最后,法律的广泛受众必须实际上得到法律的指引且大体上遵循着法律。有关一般性公众服从的观点会在下一章(社会实效命题)得到讨论。在此我批判性地考察一下人们常常主张的法律的指引功能。

首先,我们必须了解指引的含义。在最低限度上,受到法律指引要求一个行动者知晓法律的内容并服从法律具体表达的意思("认知指引");这可能包括(但并不要求)行动者仅仅由于规则而有服从的动机("动机指引")。(Shapiro 2000:146)如夏皮罗所言,"如果一个规则具备指引行为的功能,那么它被认为能够产生的行动,就是规则在其中通过对行动者的实践推理造成影响来确保服从的行动"。(167)这里有两类彼此不同的听众受到指引:律政官员在实施和适用法律时,其行动得到规则的指引;共同体中遵从法律的人们的行为得到规则的指引。

尽管法律指引大众行为这个观点在分析法学家中几乎无可非议,却有显而易见的理由来质疑他,就如马默所说,"只有当人们知晓规则或规定的存在时,才会受到规则或规定的指引",但是"大部分人并不知道自己国家的绝大部分法律"。(Marmor 2004: 5, 16)人们一般知道自己不能抢劫、袭击和杀害他人(这也是大部分人无论如何都不想做的),知道自己要纳税和遵循交通法规,但除了对于有限事务的一般性理解外,人们对于法律几乎一无所知,通常也不会在处理自己的日常事务时思考法律。在美国,联邦、州、县以及市层面存在着不计其数的民事、刑事以及规制性制定法与普通法条款。尽管美国刑事制定法总数无人知晓,但有人估计存在着多达 4 500 种联邦罪名,同时每年还有大量新增的刑事制定法,在此之外有上千种州与市层面的罪名,以及具有刑事和民事处罚的数不胜数的联邦、州和市的规制性条款。(Cottone 2015: 141-142)民事、刑事和规制性的条款的深刻重要性并不是普罗大众的常识。

7 法律所谓的指引功能

分析法学家必须解释在缺乏有关法律知识的条件下,法律如何指引社会行为,这尤其是因为指引活动要求"规则通过**对行动者的实践推理造成影响**来确保服从"(Shapiro 2000:167)。马默回应说,人们并不了解法律这个反对观点"无关紧要",因为大部分法律并没有在日常生活中对人们产生影响,当有需要时他们可以咨询律师。(Marmor 2004:16)夏皮罗主张,"行动者有许多方法可以了解法律。他可以阅读有关法律的实用指南、与罪犯交谈、咨询律师,等等"(Shapiro 2000:150)。这些都是对一和根本性法律主张所面临的直接挑战的漫不经心的回应。他们假定人们知道如何寻找法律、理解法律实用指南抑或具备咨询律师的经济条件。但是研究表明,法律需求未得到满足的程度很高,由于缺乏充足的资源,人们会在民事和刑事案件中放弃雇佣律师。(Hadfield and Heine 2016)

如果绝大多数人在从事法律规则所规制的活动**之前**没有咨询律师,那么他们实际上就没有受到正式宣告的法律的指引——法律并没有在其实践推理中发挥作用。相反,就人们针对法律展开的思考而言,他们受到自身有关法律的**假定**的指引。这时就出现了下述困难:几十年前的大量经验研究(大部分是在美国和英国完成的)表明,人们对于和其生活直接相关的事务——包括雇佣法、刑法、家庭法、住房建筑法和消费者法——在大量时间内都具有**不正确**的信念。(参见 Rowell 2019;van Rooij 2020)有关法律的错误信念也出现在像教育者和医生这类专业人士有关其工作的事务中。人们倾向于认为,法律**就是**他们相信其**应当是**的样子。(Darley et al. 2001;Kim 1999;Rowell 2019)比如,在美国有许多人认为,一些法律保护限制了雇主解聘雇员的能力,但这并不属实。(Kim 1999)

与分析法学家一再主张的法律的指引功能相反,至少就大部分人在大部分时间中的行为(除了聘用律师参与交易活动的公司与富人)来说,法律通常是事后(ex post)运作的,是在行为发生之后而非之前介入的。(van Rooij 2020)事后诉诸法律并不能指引行为。公众对于法律的看法与律政官员制定的法律之间存在的背离——这意味着法律通常不会与共同

7 法律所谓的指引功能

体内的规范性立场同步——体现出前一章所说的法律的脱嵌。

努力应对这些议题的唯一严肃的哲学工作就是杰拉德·波斯特玛有关法律如何**直接**指引行为的论述。波斯特玛认为,"行为与稳定的法律规范之间仅仅有偶然的关联,无法体现法律的实效。要想体现这一点,就必须能够将该行为归属于法律的工作和运作,归结为法律的属性或力量。此外,由于实效据称对于法律的存在具有本质意义,这些属性或力量必须构成法律性质的一部分"。(Postema 2008:50)不过他承认,公民对法律很少有最基本内容之外的理解;他们获得法律资料的途径有限;他们缺乏理解法律规范的能力。(52-53)那么法律能够如何影响实践推理呢?

波斯特玛的回答建立在他对法律的三个特征的理解之上。其一,一般性法律规则不仅面向个人,也针对"介入彼此依赖的社会活动的深厚网络"的公众成员。(54)其二,法律并非孤立地包含个体规则,而是"将法律主体视为一个体系,它所提供的规范性指引以提供实践推理框架而非离散的一般性命令为形式"。(55)其三,法律包含三种指引模式:**直接**模式(规定行动类型)、**评价**模式(为评价行为提供标准),以及**构成**模式(构成雇主/雇员、出租方/承租方、配偶,等等)。(55)在构成模式中,法律的运作"并不构成慎思的显明前提,而是构成了慎思得以展开的语境,并从中产生了慎思中具有实践意义的重要构成因素"。(55)波斯特玛指出,法律通过塑造和形塑"组织起法律所支配的日常生活的非正式的社会习俗、惯习与实践网"**间接地**提供着实效性指引。(56)

根据他的论述,法律的指引通过社会习俗、惯习和实践的**中介**发挥作用。这种关系要求法律与社会之间存在紧密的一致性或契合度:"**一致性命题**(*congruence thesis*)认为,法律体系的推理模式与其支配的社会中占据主导地位的非正式社会习俗、实践和推理模式之间存在着高度一致性,是该法律体系存在的一个必要条件。"(56-57)(我会在下文中表明这个必然性主张是错误的。)波斯特玛论证说,这种必然性是法律内的驱动力,"因为一致性对于

7 法律所谓的指引功能

法律的实效而言必不可少,法律就必须试图通过同化和转变社会实践来指引行为,但在这么做时,法律会使自身容易被削足适履地符合社会实践的诸多维度"。(61)易言之,他主张**律政官员**受此必然性强迫而寻求法律规范与社会实践之间的紧密契合。

波斯特玛的学说尽管是将法律置于社会周遭环境中的一种颇具启发的努力,但它与经验证据并不完全一致。波斯特玛的理论或许能够解释在人们**不知晓法律**时法律如何间接地指引行为。但是从一再表明人们对常见事务往往会有**关于法律的错误理解**——在某些问题中错误率超过 50%——的研究的角度来说,这个解释并不成功。当人们对法律的要求持有错误信念时,无论是以直接还是间接方式,法律都无法指引行为。高企的错误率表明,法律与通行社会习俗、惯习和实践之间相互塑造的程度,无法达到"高度一致性"这个波斯特玛认为构成法律的必要条件之一的要求。公众有关法律的信息源包括电视节目、新闻、网络资源、教育、朋友和人际交往——所有这些都是有限的、不完整的,且通常具有误导性。

波斯特玛分析的可靠性依赖于一个得到广泛接受的假定,即法律与社会彼此(必然)紧密匹配。正如杰出的法律史学家和社会学家劳伦斯·弗里德曼(Lawrence Friedman)所说,"法律体系并不是漂浮在某种文化真空中,脱离于空间、时间与社会语境;它们必然体现了我们自身社会中正在发生的事物,就像一副手套让自己变成一个人的手掌的模样"。(Friedman 1996:72)但是在经验上无法确保法律与社会之间的紧密匹配,因为创制法律的制度所具有的脱嵌性表明,得到正式承认的法律和通行的社会惯习与理解之间的联系,往往是一种偶然。

现在需要一种排除掉"法律主要通过指引社会行为发挥作用"这个假定的有关法律如何在社会中运作的学说。在现代社会中,国家法的实效主要并不是通过指引社会行动者实现的。首先,法律指引参与法律活动的律政官员和律师,并且指引在从事活动前咨询律师的人们(与实体)。法律指引行为的基本语境,就是大量的商业交易以及与法律相关的政府活动,它们通常(尽管并非总是)都包含着律师的

7　法律所谓的指引功能

事先介入。除此之外,对于从事日常活动的绝大多数人来说,法律并没有指引他们的行为。

在发达资本主义社会,法律主要通过构成支撑文化、社会、经济和政治行动的背景性基础结构发挥作用。社会交往发生于这种相对稳固的法律构造(尽管它会持续发生变化和得到补充)中,后者会随着时间推移而在社会中形成相互关联。(Tamanaha 2017：139-142)通过律政官员数不胜数的制定、宣布和适用法律的活动,以及律师数不胜数的代表客户从事的常规法律活动(起草合同、代理案件、挑战现行法律等),这个法律结构随着时间推移得到了塑造和重塑。如波斯特玛在他讨论构成模式时所言,这些活动的共同结果构成了行动发生的语境,但这并不等同于直接或间接指引行为,因为法律结构由**具有法律属性的**安排、制度和实践构成,而非由波斯特玛识别的**社会性**实践构成。文化、社会、经济和政治实践与制度都与背景性的法律基础结构彼此交织,一切都是相互联系的,这种关联逐渐累积发展,就如上千年之久的珊瑚礁与其周围的海洋生活融为一体一样。

尽管人们缺乏有关法律实际细节内容的知识且往往持有关于法律的错误信念,但是上述法律基础结构作为社会交往的支撑而有效运作着。人们开展其日常活动时不过是在假定存在保护其权利的合适法律规则。人们遵循惯例地签署房屋或汽车租赁合同,签订雇佣合同,购买动产,结婚,看医生或找机械工维修,在下载自网络中的项目合同协议中点击"是",等等——所有这一切都没有阅读或完全理解法律文件,也没有就自己活动的法律潜在影响而事先咨询律师。合同中充斥着以法律术语写就的长篇累牍的晦涩不堪、无法商量且模板化的条款,普通人根本无法完全理解它们。人们在购买一个他们可能会受到伤害的产品前并不会查找产品责任法,在上车之前也不会查找有关近因的侵权法规定(抑或阅读他们保险合同与合同法中的具体内容)。即便他们尝试查找法律,在没有律师的条件下这也很困难,因为美国的普通法教义并不是写在权威性法律文本中的(最佳的信息来源是对特定州的模式化的陪审团指令的汇编,但它本身并非正式的法律)。人们在实施欺诈或袭击某人的

7 法律所谓的指引功能

行为之前,通常并不会检索刑法典和民法。即便他们能够找到相关法律,也不会完全理解它。

社会中有数不清的关系是通过总体上不可沟通的格式合同——购买者与销售者、雇主与雇员、出租方和承租方,等等——在法律上得到塑造的。以法律术语写就的合同具体内容包含着占据主导地位的一方(雇主、电话公司、保险公司、银银、出租人等)在交易中想要实现的条款,以及政府规则和规制所施加的最低限度的要素。交易双方关注的是诸如价格、数量、薪水等这类事务。比如,房屋购买在大部分州是在没有律师的直接参与下完成的。在交易结束时,会有产权公司的代理人来核实契约,当双方都符合自己的要求时,会有一个托管代理人来执行转让,会有一个公证人,也许还有一个银行的代表来完成抵押贷款的执行,还有一个房地产经纪人来收取支票去安排交易。标准化法律文件中完成交易的空格是在没有律师的条件下填写的——通常购买者和销售者在核实正确的地址、购买价格和抵押贷款金额外,都不会阅读长达好几页的合同的具体内容（这些内容他们既不理解也无法改变）。正如这些例证所示，甚至当法律的（晦涩）内容并不在相关各方实践推理中发挥作用时，它都只构成了现代大型社会中日常交往的一个背景。这些被人们视为理所当然的、客观存在的制度的诸多要素，构成了我们这个社会性建构的世界。

人们**实际上**了解的是非常粗略的一些基础内容（社会性共享的概化他人）：财产权得到保护，出现麻烦时可以叫警察（尽管在美国许多非裔美国人相较于白人对警察持有更加谨慎的看法），检察官提起刑事诉讼，等等。在个人层面，人们知道自己可以发起诉讼或被诉，这两种情况都很伤脑筋、代价巨大且结果充满不确定性。

缺乏对于可适用的法律内容的实际了解，人们会假定万一出现问题时适当的法律保护已经就位。这种假定让人们拥有了一种安全感和确定性，但他们最终可能是错误的。大部分情况下，在具有广泛法律基础结构的稳定社会中，法律提供的背景是足够的，因为交往主要由于共享的道德和社会惯习以及经济方面的自我利益而得以成功展开。大部分人不会想要袭击或杀害另一个人,他们大体上都遵守合同,等等。这是因为他们认为这些行为在道德上是合适的且对个人有利,而不是因为法律要求才如此。人们从根本来说是合作性的社会存在。(Curry et al. 2019; Henrich 2017; Tomasello 2019) 具有启发意义的是,有关不同法律体系的研究发现,当出现问题且相关各方无法靠自身力量解决时,在很多情况下人们都会"忍气吞声",承受损害而不寻求法律救济。(Engel 2010) 这表明在许多社会中,正式法律不仅没有提供事前指引,且通常没提供事后指引。

简言之,对于高度制度化的当代法律体系来说,考虑到大量的日常社会、经济与政治交往,当**律政官员和律师**建构人们在具体互动语境中所服从的法律指令、要求和安排时,法律的内容通过指引他们事先发挥作用——但是大部分人在大部分情况下除了可能**假定**法律是什么之外,并不知道法律也**不受其指引**。事物能够流畅运转,是因为惯习性社会规范、经济性自我利益以及商业实践都推动了合作性的社会、经济与政治互动,这些互动受到了"法律设定了某种约束和保护"这个普遍共享的**信念**的推动。当律政官员在纠纷和越轨等情形中执行和适用法律时,法律的内容就在发挥着事后作用。

许多分析法学家显然认为,法律指引人们的行为为真这一点无可置疑。威尔·瓦卢乔(Wil Waluchow)声称,"法律必须以某种方式实现斯科特·夏皮罗所说的'重要的指引功能',这无可否认为真"。(Waluchow 2008:92)可是经验证据告诉我们,这并**不**必然为真。

8 错误的社会实效命题

法律指引功能的一个近亲,就是得到分析法学家广泛主张的如下立场,即法律必然在整体上得到人们的遵守。对此,拉兹认为"所有人都同意"这是法律的一个必要条件。(Raz 2009b:43)这便是社会实效命题(social efficacy thesis)。拉兹解释说:"这一点的重要性在于,它提出规范性体系之所以构成现存的法律体系,是因为它们对于个体行为的影响,以及在社会生活的组织中发挥的作用。"(106)汉斯·凯尔森指出,"如果一个法律秩序的规范大体上具备实效(亦即实际上得到适用和遵循),该秩序就被视为具有效力"。(Kelsen 1967:212)哈特认为法律体系存在的一个必要条件就是,"那些根据该体系终极效力标准有效的行为规则,必须大体上得到遵循"。(Hart 1994:116)杰里米·沃尔德伦(Jeremy Waldron)提出,"如果一个社会的大量普通成员并没有遵循被该体系承认规则识别为有效的规则,该社会中就不可能**存在**法律体系"。

(Waldron 1999:184)波斯特玛主张,法律与"法律所支配的社会中占据主导地位的社会惯习"之间的高度一致性"是法律体系存在的一个必要条件"。(Postema 2008:56-57)拉兹将这个条件类比于道德:"如果道德没有得到人们大体上的服从和接受,它就并非该群体的社会道德。"(Raz 2009b:43)(在此一个重要补充是,这个类比是不合适的,因为道德与习俗一样,直接建立在持续变化的社会惯习之上并得到其维持,但是创设制度的具有脱嵌性的法律的即时存在却依赖于律政官员共享的惯习,后者可能会产生出与普遍社会惯习相背离的法律。)

尽管分析法学家很少质疑社会实效命题,可是该命题却为世界上许多法律体系的经验现实所证伪。首先,我必须指出社会实效命题中一个常见的假定:法律体系试图统领作为一个**整体**的社会(或公民、人口)。这个假定建立在一元论国家法基础之上,这种立场认为国家法是至高无上的、统一的,在特定领土中拥有无所不在的权威和实效。(Tamanaha 2021:4-10)约翰·奥斯丁(John Austin)明确地将实证法

8 错误的社会实效命题

与"国家""国民"以及"社会"关联起来,将实证法界定为在社会中得到大体遵循的最高主权者的命令:"如果一个**特定的**人类上位者并**没有**服从于类似上位者的习惯,而是接受着来自特定社会中**大部分人**的**习惯性**服从,这个特定的上位者就是该社会的主权者,而该社会(包括这个上位者)就是一个政治社会和独立的社会。"(Austin 1832:200)凯尔森提出了类似的观点:"认为……国家是具有最高权力的法律体系,尤为意味着它具有不受任何更高体系约束的在领土与物质方面扩展自己有效性的能力。"(Kelsen 1992:100)哈特在提到"公民"和"整个社会"时指出,当法律"得到大部分人口遵从"时,法律体系便会存在。(Hart 1994:114)沃尔德伦说:"当然我们不应当说特定人口中存在着……一个法律体系,除非大部分人口确实遵循由该体系的次级规则承认为该社会之规则的规则。"(Waldron 1999:176)这正如拉兹所说:"只有当一个制度性体系必然在某个方面是该社会中能够存在的最重要的制度化体系时,我们才会将之视为法律体系。"(Raz 2009b:116)他断言,"总之", 43

法律体系是"一个在特定社会中主张最高权威的指引与裁判体系,因此在该体系具有实效的地方,它也享有这种实效性权威"。(43)这就是我所说的一元论国家法学说。

许多有关法律的哲学理论都建立在下述基本信念之上:法律必然是支配整个社会的最高权威。在人们确定无疑地反复重申与广泛接受下,这个主张基本上没有得到仔细考察。这一系列信念的起源可以追溯至16世纪和17世纪时国家体系在欧洲得到巩固的早期阶段,在博丹(Bodin)和霍布斯的著作中得到了极富影响力的讨论。(参见 Tamanaha 2021:26—36)在此时期之前,法律是去中心化的,多种法律与法庭形态共存(王室法、教会法、贵族法、封建法、实证法、乡村法、习惯法、行会法、罗马的法学家法,以及其他类型的法律),没有任何一种类型是统领社会中所有事务和群体的至高无上与无所不包的法律。马克斯·韦伯(Max Weber)写道:"结果就是有大量法律共同体存在,有诸多彼此重叠的自治的司法管辖区,强制性的政治联合体就其存在而言,只是这些自治司法管辖区中的一种。"(Weber 1978:697)

与支配一片领土的至高无上的国家法这种观点相反,回到古典时期,"属人原则居于支配地位"。(van den Bergh 1969:343)"部落法首先是属人的。无论一个人旅居或定居到何处,法律都与之相伴。法律就如同宗教是一种个人财产。"(Guterman 1966:71-72)韦伯解释说:"在中世纪的帝国中,每个地方的每个人都有权得到他自己'声称'赖以生活的部落法的裁判。"(Weber 1978:696)

分析法学家有关社会实效命题的主张,源自对于19世纪(奥斯丁)和20世纪(哈特、拉兹等人)国家法体系的假定。但即便在今天,这些有关法律的一元论信念也显然是错误的。在过往和今天,许多现行的法律体系都未能满足人们必须大体上遵循法律这个所谓的必要条件。

在断言普遍社会服从这个要求的几页之后,哈特提到了一种明显拒绝这个要求的情形(显然哈特自己尚未觉察到这一点)。当时,世界范围内从英国殖民统治向民族独立的转变正方兴未艾。哈特写道:

> 在一个时期的开始,我们可能会有一个具备本地立法机构、司法机构和行政机构的殖民地。这个宪法结构是由英国议会的制定法创设的,后者对该殖民地保留有完整的法律效力……在此阶段,**殖民地的法律体系显然就是一个更加广泛的法律体系的分支,后者的典型特征体现为具有如下终极承认规则,即女王在议会中设立的法律就(尤其)是该殖民地的法律。**在这个发展时期结束的时候,承认规则发生了转变……先前殖民地中的法律体系现在拥有了"本地的根基",因为具体化法律效力最终标准的承认规则不再指向另一片领土中立法机构所制定的法律了。(Hart 1994:120,强调为引者所加)

当哈特写下这一段时,英国黄金海岸(British Gold Coast)通过1957年和1960年不同的法律行为,从英国殖民统治中获得了完全独立,形成了加纳。哈特告诉我们,在将近一个世纪的殖民统治中,支配英国黄金海岸本地人的法律所体现的终极承认规则,是由英格兰的英国

8 错误的社会实效命题

律政官员所遵循的社会惯习构成的。这是法律体系与其声称支配的社会彼此脱嵌的一种极端例证。

哈特没有提及的是,在英国对非洲、亚洲和太平洋地区进行殖民统治时,**殖民法律体系所创设的法律规则并不是大部分人**在其日常社会交往中**大体上服从的规则**。从事殖民活动的国家实施了对当地劳动力和自然资源展开经济剥削以及增进殖民国家利益的移植过来的税收、财产权、商业以及刑法制度,并输出了殖民者及其经济实体(种植园、矿井等)。(Tamanaha 2021)"殖民统治创造了新兴'犯罪',其中有许多都是对所强加的殖民管理结构的冒犯。"(Killingray 1986:413)与在外籍企业工作的本地劳工签订的雇佣合同,会以"擅离职守""玩忽职守""过失""拒绝工作"为由而通过刑事惩罚来加以执行。(Chanock 1992:294)"对违约的工人进行刑事惩罚,是殖民地法庭的主要任务之一。"(293)历史学家 C. A. 贝利(C. A. Bayly)写道:"在欧洲殖民地范围内,这些有关财产权的新定义,会成为震慑弱者的生猛工具。它们使得白人殖民者以及一些条件下的当地精英能够剥夺原始居住者的公共土地和劳动。"(Bayly 2003:112)"情况就是有一部分人口受制于法律施加的广泛规制,但这些法律的内容却不为他们所知,而且被身兼行政与司法角色的白人和非洲人随机地执行。"(Chanock 1992:284-285)

在城市与商业中心建立起一种由英国人担任职务的法院体系,它适用英国议会为殖民地设立的制定法、殖民地立法机构制定的法律以及普通法和衡平法;在国家法院中,当地的习惯法只得到有限的承认;并且有大量所谓的当地法院在区域中心中创立起来,以便在当地人中适用习惯法。在正式国家法律体系之外,在绝大多数人生活的广袤农村区域,非正式的传统的村庄法庭继续发挥着作用,适用有关土地所有权、人身伤害、婚姻、继承、契约、巫术等方面的不成文习惯法来处理大部分人的日常事务——这些法庭运用的法律规范与移植过来的殖民法律极为不同。这些非正式的习惯法体系植根于当地人的生活方式,在殖民统治之前已经存续了很多个世纪,并且在殖民统治时期依旧以大体相同的方式存在着。殖民国家缺乏处理当地纠纷的制度性能力,这些纠纷超出了殖民地国家维护其权力以及增进自身汲取性经济利益的狭隘关注点。就当地人来说,他们一般也不会诉诸殖民法庭,大体上也不会服从殖民法律体系的规范,其中的原因很简单:国家法的规范与程序是以他们并不理解的语言表述的,所制定和实施的法律规范也异于其生活方式;相较于非正式的村庄法庭,国家法院也很遥远、成本高昂且效率低下。当人们在很大程度上不了解法律的要求且运用一整套完全不同的法律规则来安排自己的社会生活时,哈特所谓的人们普遍服从法律这个必要条件并没有得到满足。

关于上述情形,有三点值得强调。其一,殖民法律体系具有**双重脱嵌性**:在标准意义上,由律政官员担任职务的特定法律制度创设法律;同时在更深层次的意义上,一个与欧洲社会关联演进的法律体系中的规范和程序,被移植到了具备其自身原有法律形态和生活方式的与欧洲社会非常不同的社会之中。在这些情形中,正式的法律不可能与社会行为吻合或一致。其二,在这些社会中,至少存在着两种(且通常会有更多种)彼此不同的社会建构的法律形态:得到殖民地当局和大众集体承认的在国家法院中实施的国家法,以及得到共同体中人们(并且有时也包括殖民地当局)集体承认的在传统法庭中实施的习惯法。其三,殖民地和后殖民地的状况并不类似于内战、革命抑或敌军占领等哈特、凯尔森和拉兹所讨论的临时过渡抑或"中间阶段"的例证,在后一种情形中法律体系的存在是有争议的,抑或不确定的。(Hart 1994:118)更准确地说,这些多元主义的法律形态在全球许多地区都运作了一个世纪以上,并且各种迹象表明它们会在未来的几代人中继续存在。(Tamanaha 2021)

世界银行法律部是如此描述去殖民化半个世纪后的当前情况的:

在许多发展中国家,运作于国家法制度之外的习惯法体系通常是主要的规制与纠纷解决形态,它们覆盖了非洲各地高达90%的人口。比如,在塞拉利昂,大概有85%的人口受习惯法的管辖,这里的习惯法被其宪法界定为"根据习俗,可以在塞拉利昂特定共同体中适用的规则"。习惯土地权（cutomary tenure）覆盖了大部分非洲国家75%的土地，影响了像莫桑比克和加纳这样的国家90%的土地交易……在许多这样的国家中，司法体系的运作似乎完全独立于正式的国家体系。（Chirayath et al. 2005: 3）

这些非正式的习惯法体系在正式法律体系之外运作，国家法和习惯法的规范在包括土地所有规则、婚姻、继承和其他规则在内的根本事务方面也彼此有别，人们根据习惯法安排自己的事务。"习惯法框架根本不被视为法律，而是被视作一种生活方式，一种人们如何生活的形态——与此相对，国家法就是某种被施加的异质性事物。"（Harper 2011: 28）习惯法及其法庭都被共同体内的人们集体承认为**自己的**法律及其构成，它们是人们自身有意义的信念和行动的社会建构。如法律人类学家戈登·伍德曼（Gordon Woodman）所说，"对于这些共同体而言，习惯法就是它们的社会生活……现在这些共同体一如既往地如此生活着"。

(Woodman 2011: 30)这种习惯法中的许多都是植根于社会的法律形态,并不受制度化的律政官员的掌控。

分析法学家可能会说,当国家法明确承认习惯法时,社会实效命题依旧得到满足,因此在这个意义上,习惯法规范由于得到接纳而成为国家法规范。这个回应存在四个问题:其一,正式的(纸面上的)国家承认是对如下情形的一种美化,即除了持续压制之外,国家法律体系无法消除习惯法,它不具备废除或替代习惯法的能力。其二,国家法和习惯法的规范常常以不可调和的方式彼此冲突。许多人认为国家法和习惯法是彼此共存的相互替代物,而非一个单一的完整法律体系。其三,在许多这样的情形中,传统村庄法庭并**没有**得到法律体系的正式承认,但却被人们广泛用来解决自己的纠纷。(Forsyth 2007)其四,存在着这样的情况,即国家不仅没有承认还与其同一片领土中其他法律形态展开了激烈的斗争,尽管它们已经彼此共存了相当长的一段时间。比如,在塔利班政权上台之前,阿富汗的国家法律体系在城市中发挥作用,而几个世纪之久的习惯法

8　错误的社会实效命题

(族长会议与协商会议)则在许多农村地区发挥作用,与国家交火的塔利班叛乱者在其他区域实施沙里亚法。"对于构成人口中绝大多数的普通人和村民来说,相较于国家立法,部落法/习惯法和伊斯兰法是更重要的,实际上也更为他们所了解。"(Yassari and Saboory 2010:273)

约翰·塞尔同样认为,共同体内的人们(尤其)会集体承认对立于国家法的财产权。这在遵循习惯土地所有权的农村共同体中以及整个南半球的城市边缘区域中非常常见,在这些地区有多达 50% 的人们在没有正式产权的条件下拥有土地并展开交易。塞尔写道:"财产权的所有者实际上都是在法律意义上无权拥有这些财产的非法占用者,但是在他们所生活的社会中,他们的身份职责(status function)得到承认并大体上得到认同,因此在我看来,他们(作为土地所有者)的身份职责继续存在且能够产生道义论力量。"(Searle 2006:22)他承认非正式财产权的构成性实在是正确的,但是将这些财产的所有者称为"非法占有者"则预设了国家法的地位;在许多这类语境中,土地占有者被共同体集体承认为能够使用和处分该土地的法律上的所有者。社会建构主义的一个直接潜在影响就是,尽管国家律政官员可能会主张对于法律的所谓的垄断,但无论何时,一个共同体通过其共享的信念与实践构成了法律,法律就会存在。

上述情形否定了奥斯丁、凯尔森、哈特、拉兹、沃尔德伦、波斯特玛以及其他许多法哲学家所支持的社会实效命题。这个命题的错误不在于法律必须具有实效(稍后会详细讨论)这个主张,而在于大部分人、公民抑或社会必须大体上服从法律这个断言,后者与支配一定领土的国家法一元论学说联系在一起。分析法学家有关该立场的影响广泛的主张,反映出他们没有意识到该立场在很大程度上在全球范围内都是无法成立的。比如,拉兹主张,"使得国家法在生活以及理论中居于核心地位的最重要的事实之一,就是尽管它存在各种各样的问题,尽管有各种各样我们应当承认的例外和保留,国家在其居民的历史中产生出了一种强烈的身份认同感与忠诚感"。(Raz 2017:162)这个富有影响力的主张假定了目前在

8 错误的社会实效命题

西方成立的主张是一种常态且颇具代表性(这是分析法学家常犯的一个错误)。但是在南半球的许多后殖民社会中,国家法律制度并不是社会生活的核心,其居民对国家也没有强烈的身份认同感。这并不是一种例外或边缘情形。据估算,全球有57%的人口生活在同时拥有习惯法和国家法的社会中。(Holzinger et al. 2016:469)

为了解释这些情形,托马斯·亚当斯(Thomas Adams)这样修正了法律的存在条件:"我们可以认为,如果一个法律体系中的大部分法律得到遵守、实施抑或**处于能够得到实施的状态**,这个法律体系就具有实效。"(Adams 2020:240)因此,即便大部分人并没有遵循法律,如果该法律体系**能够**实施法律而产生普遍的社会服从(尽管它可能选择不这样做),这个法律体系就依旧是具有实效的且因此是存在的。但是这种修正依然存在问题。在历史和当下的许多这类情形中,国家法律制度缺乏实施国家法律规范的能力,在通过植根于社会的习惯法来塑造人们生活的乡村共同体时尤为如此。殖民地国家太过虚弱以至于无法将其法律权威扩展到整个社会,但是它却主张自己拥有这种权威。其独立以来,在支持继受自殖民统治的严重发展滞后的政府与法律制度方面取得了有限的进步[比如,卢旺达在 20 世纪初有 750 万人口,大概有 50 位律师、20 位检察官以及 50 位新招募的法官提供服务;马拉维是 300 位律师为 900 万人口服务。(Piron 2006:275,291)]为了巩固国家的法律,一些新独立的国家正式废除了习惯法和村庄法庭,但是由于法律体系无法压制它们,也无法填补撤销它们所导致的空白,这些法律和法庭依旧在发挥作用。许多今天存在的虚弱的国家都不符合亚当斯的标准,因为它们缺乏在大部分人口中实施国家法的能力。(参见 Blattman et al. 2014;Giraudy 2012;Rotberg 2013)

为了将社会实效命题适用于作为整体的社会,分析法学家可能会认为,未能满足相关标准的殖民时期与后殖民时期的法律体系**并非法律体系**。在阐述哈特有关人们普遍遵循法律的要求时,简·米哈尔明确指出,法律"对于社会秩序与和平具有因果性影响,(并且)它是通过知晓与服从的方式为之的"。(Mihal

2021：22)他指出,这些有关法律存在的条件是具备正当性的,因为"我们的法律概念假定法律与社会之间存在着重要的因果关联"。(31)未能满足这些条件的法律体系"所描述的就是一个很有可能无法被称为(所谓合适意义上的)法律的体系"。(27)根据这一分析,过往和今天的大量殖民时期与后殖民时期的法律体系在哲学意义上都**不被**视为法律。在接受一个与现实世界中法律实际样态相去甚远的结论之前,明智的做法反而是重新评价社会实效命题的合理性。如果像上述情形一样的大量反例都没有激起重新思考,这类哲学主张实际上似乎就免于接受经验的检验,这是分析法学家必须予以解释的一个立场。

如先前讨论所示,分析法学家认同如下假设,即只有当大部分人普遍遵循一个法律体系的规范时(或国家有权迫使他们遵守时),该法律体系才会存在。究其根本,支持这个主张的深层基础就是,这个主张据说蕴含在"我们"的法律概念之中(他们将这种概念视为法律的"核心情形")。但是为什么"我们"的法律应当胜过法律的社会现实?当下的分析法学家通过有关天使社会的争论(参见 Miotto 2021)来评价法律理论,同时却很少关注与自身法律理论所基于的西方法律体系有深刻差异的世界范围的其他法律表现形态。他们显然未能认识到,国家法一元论学说是一种自夸的意识形态建构,用于支持国家法具有高于社会的、至高无上的、垄断性的、无所不在的权威。分析法学家在提出有关法律性质的哲学真理时,应当批判性地审视他们所说的"我们"的法律概念或法律的"核心情形"所具有的基础、内容以及权重。

这些情形所揭示的最后一个重要洞见,与哈特有关法律最低限度内容的论述相关:"考虑到自然事实与目标所构成的环境——这使得市政法律体系中的惩罚既是可能的又是必要的——我们可以说这是一种**自然的必然性**;还需要一些这样的表述来表达对人身、财产以及承诺——它们同样都是市政法不可或缺的特征——的最低保护形式的状态。"(Hart 1994:199,强调为引者所加)哈特认为人类的自然特征产生了有关人身、财产和承诺的基本规则,这是正确的;但是他本应当在其中加上

8 错误的社会实效命题

家庭关系(结婚、离婚、养育子女和继承),这是普遍存在的,只是在不同社会中且随着时间推移,其内容有诸多演变和变迁。不过,当哈特主张这些规则是国家法不可或缺的特征时,他提出了一个没有得到支持的额外假定。国家法律规则当然往往包含这些规则,但是殖民时期和后殖民时期的法律体系却表明,只要有其他法律形式提供了这些规则体系,国家法中就不会包含它们。殖民国家引发了两种不同法律形态之间事实上的劳动分工:国家法负责政府与商业活动,非国家的习惯法负责大部分人口的社会交往规则。

显而易见的是,分析法学家的错误不在于主张法律体系若想存在就必须具有实效。法律在社会场域中必然具有某种实效。在后殖民社会中法律体系的运作主要与政府活动、重要商业活动以及城市中心相关。他们作为法律体系的存在是一种社会事实,但许多人,特别是乡村地区的人,遵循着得到集体承认的植根于社会的习惯法体系。分析法学家的错误在于(国家)法律体系天然具有至高性、统一性,并垄断了一个社会中的法律形态这个观点。这并不是一种有关法律的概念性或经验性真理,而是法哲学家通过有关"我们"的法律概念这类主张引入的隐藏在其法律理论中的一种理想化。

9 / 解答"法律是什么"时的谬误

哈特的《法律的概念》的第一句话就是，"关于人类社会的问题很少有像'法律是什么'这个问题一样，被严肃的思想家以如此多样、古怪甚至悖谬的方式被如此持久不断地提出与解答"。(Hart 1994：1)哈特解释说，导致这种分歧的原因，其一就是原始社会的法律以及国际法虽然"根据惯例"被视为法律，但却是"令人生疑的情形"，因为它们缺乏立法机构，法院没有强制力，而且不存在有效的惩罚机制。(3-4)其二，"我们被迫承认存在着清晰的标准情形与可质疑的边缘情形，并不是像'法律'和'法律体系'这样的复杂词语的典型特征"；"在几乎每种运用一般性词汇来分类人类生活或我们所居住的世界的特征的情形中，我们都要作出这种区分"。(4)哈特主张，市政法律体系就是"'法律'和'法律体系'含义的标准情形"，至少对于一位受过教育的人来说是如此。(4-5)

哈特有关法律的分析建立在一系列他

没有考察或证成的前提之上。这些预设不仅对他提出的法律理论,也对遵循同一路径的后续几代法哲学家具有决定性的影响。第一个预设是**谁的**法律概念决定了分析的起点。如果向非洲、亚洲以及太平洋地区的村民提出这个问题,许多人首先会说习惯法是法律,接着也会提到国家法。为什么不从**他们的**法律概念开始?哈特的第二个预设是**只能有一种**法律概念构成分析的基础。如果哈特让受过教育的英国人列出他们认为是法律的事物,他们可能会提到国家法和国际法。一位虔信伊斯兰教的英国人也会把沙里亚法加入清单。为什么不将人们识别出来的**所有法律形态**作为分析的基础?哈特的第三个预设假定核心情形/边缘情形之分是正确的概念框架。与其将它们表述为对于单一核心现象的不同近似程度,为什么不将之理解为法律的**不同形态**?基于前述假定,哈特预设有关法律性质的问题必须以**单数形式**回答"法律**是**什么"。正是这种设问方式指定了一种单一的答案,在概念上否定了适宜于不同社会情境的、具有各自不同特征的多种法律形态存在的可能。法律为什么

9 解答"法律是什么"时的谬误

必然是一种具有一系列本质特征的事物呢？

一旦哈特将国家法设定为核心情形,自然而然的结论就是任何并不共享着国家法特征的其他形态的法律注定是"前法律的"、边缘的,抑或不是法律。如果他改为将习惯法、国家法和国际法设定为他认为的法律集合,他所识别出的法律特征就会有所不同;又或者他会将它们视为具有各自典型特征的彼此不同的法律形态。(比较 Waldron 2013)在没有考察其价值的条件下忽略这些替代性方案,注定会使分析法学的路越走越窄。

近来,分析法学家开始认真看待其他类型的法律。(Roughan and Halpin 2017)全球化的兴起以及国际法对主权国家领域越来越深入地介入促使拉兹思考:"为什么国家法依旧是法律的典范形态,是法哲学的核心?"(Raz 2017:155)他总结道:"现在看来,排他性地关注国家法在以往从未得到证立,而在今天甚至得不到证立。"(161)将哲学目光转向其他形态的法律,预示着有关法律概念以及作为社会制度的法律的理论工作的根本转变。

分析法学家在思考国际法之外的法律表现形式时,可以从有关法律的社会科学理论中汲取营养。法律人类学家亚当·霍贝尔(Adam Hoebel)在20世纪中叶指出,"探究法律的概念就如同追寻圣杯"。(Hoebel 1946:839)在许多精深的理论家长达几十年的努力后,这种探究最终被放弃了。从他们难说成功的工作中可以学到重要的教训。如我下文将会表明的那样,近年来分析法学家一直重复着阻碍了社会科学家的同样的错误。挫败界定法律或识别法律本质特征的工作的一个致命的双面问题,就是涵盖过度和涵盖不足所带来的缺陷。出于我将阐明的理由,一些基于形式或功能的法律理论会不可避免地包含这两个缺陷之一或全部。

每一种法律理论都以设定"法律是什么"为起点,这预先决定了所产生的法律理论。这种循环并没有破坏分析,而是告诉我们最初对于典型情形的选择至关重要且必须具有正当理由。当下的分析法学家不约而同地以国家法为起点,因为这是他们社会中的主导法律形态。法律人类学家采取不同的进路,是因为

9 解答"法律是什么"时的谬误

国家法在他们所研究的社会中并不居于主导。他们反而观察常见的法律现象(对于财产权、伤害、性关系、契约等纠纷的回应),并在这个基础上入手识别法律的特征。这些法律形态植根于社会且不具备经过分化的法律制度。霍贝尔界定法律的标准中包含适用习惯法的非正式法庭(比如,它由受人尊敬的长者组成),这种习惯法作出得到该共同体成员执行的裁判:"如果对于一个社会规范的忽视或违反通常是通过在威胁或事实上施加物理力量解决的,且实施该力量的个人或群体拥有得到社会承认的特权而这么做,那么该社会规范就是法律。"(Hoebel 2006:28)根据这一定义,即便在次级规则体系不存在时并无得到分化的法律体系,法律也会存在。这里的关键点不在于他的定义是正确的,而在于他提出的替代性起点在理论上是有正当理由的,并且产生了一种有关法律定义性特征的不同论述。

哲学家和社会科学家提出的法律理论可以被划分为两个基本范畴(每一种都有诸多变化):基于法律的社会秩序功能的理论,以及将法律还原为制度化规则体系的理论。第一个范畴的两位杰出理论家就是法律社会学家欧根·埃利希和法律人类学家勃洛尼斯拉夫·马林诺夫斯基（Bronislaw Malinowski），他们的著述产生于20世纪初非常不同的语境中。埃利希通过亲身经历观察到，在多民族的布科维纳（Bukovina）的共同体中实际得到遵循的法律往往与《奥地利民法典》（Austrian Civil Code）不同。相对于立法和司法裁判（他称之为"裁判规则"），埃利希认为"活法"是在包括家庭、商业、行业、工厂等在内的社会联合体中实际得到遵循的规则。（Ehrlich 1936：493）马林诺夫斯基与美拉尼西亚的特罗布里恩群岛居民生活在一起，他发现这些人拥有在纠纷解决中会诉诸的基于社会交往（财产、婚姻等）的基本事务的法律。

他们都不认为法律必然要求法律制度的存在。埃利希强调，活法是鲜活的社会秩序，它并不必然与国家法具有同样的制度化形态：

> 由国家创设并不是法律概念的本质要素，法律概念也不是法院或其他法庭裁判的基础，更不是对这种裁判产生法律强制

9 解答"法律是什么"时的谬误

后果的基础。还有第四个要素,这会成为法律概念的起点,即法律是一种秩序。(Ehrlich 1936:24)

马林诺夫斯基在讨论法律是否由"中央权威、法典、法庭和治安官构成"这一观点时,提出了类似的主张(Malinowski 1926:14);与该观点相反,他认为法律"并不存在于任何独立的制度中"(59)。

埃利希和马林诺夫斯基的法律观念在核心方面是类似的。在两人看来,法律都植根于社会生活。他们都通过观察"具体运用"而将法律等同为"当事人在生活中实际遵循的事物"(Ehrlich 1936:493)——这是可以通过关注"法律如何在实际生活中发挥作用"加以识别的(Malinowski 1926:125)。马林诺夫斯基指出:"与其说法律表征了任何独立的、自足的社会安排,毋宁说它表征了人们部落生活的一个侧面,他们结构的一个方面。"(59)他们两者都指向了作为有效法律背后基本动力的互惠性、正向激励以及社会义务,否认物理强制对于法律来说是必要的。如埃利希所言,

53

"因此,一个人服从法律主要是因为其社会关系使法律具有了强制性"。(Ehrlich 1936:75)同样,马林诺夫斯基写道:"美拉尼西亚民法的效力体现为义务之间的相互关联,体现为人们被组织进相互服务的链条——包括各种利益与活动的长时段内的给予和索取——之中这个事实。"(Malinowski 1926:67)人们遵循法律主要是因为规范性的合意和正向激励、相互依赖、关系中包含的相互义务感,以及不服从所带来的社会排斥和未来利益的潜在损失,这与对物理强制力的恐惧关系不大,尽管这也可能成为一个因素。

这两种法律理论一直都被广泛批评为未能区分法律与社会生活的其他方面。法哲学家莫里斯·科恩(Morris Cohen)当时写道:"埃利希的书因如下事实而存在缺陷,即它没有明确提出他所说的法律是什么意思,也没有表明法律如何不同于习俗和道德。"(Cohen 1916:537)法理学家菲利克斯·科恩(Felix Cohen)反驳说:"依据埃利希的表述,法律本身是与宗教、伦理习俗、道德、礼仪、得体、风尚以及规矩融为一体的。"(Cohen 1937:1130)"马林诺夫斯基提出的法律观念是如此广泛,以至于它实际上无法与一切社会惯习的义务性要素的研究区分开,"法律人类学家莎利·福尔克·摩尔(Sally Falk Moore)批评说,"法律与一般意义上的社会控制无法区分。"(1969:258)西蒙·罗伯茨(Simon Roberts)批判性地评论道:"尽管马林诺夫斯基在这里使用'法律'这个词,他对于这个词的使用似乎如此广泛以至于涵盖了各种形态的社会控制。"(Roberts 1976:674)这就是涵盖过度的问题。

这种涵盖过度的根源早先提到过:功能等价物。社会学中的一个老生常谈就是实际上一切社会功能都可以通过不同方式实现(Merton 1957);仅仅基于功能的标准会将所有功能等价物涵盖进来。埃利希和马林诺夫斯基认为法律的功能是维持社会秩序,并且他们观察到的是在群体内社会交往(财产权、人身伤害、契约、婚姻等)中得到人们遵循的似乎熟悉的法律规范。埃利希认为这些规范通常与正式的国家法不同或为之提供了渊源;马林诺夫斯基认为在特罗布里恩群岛中并不存在彼此分化的法律制度。对这两位理论家来说,显而易见的是这些法律规范是由社会惯习(惯习、道德规范、期待、互惠等)而非施加强制力的彼此分化的法律制度维系的。这些研究提醒我们,正式法律体系并非维护社会秩序的唯一社会机制。涵盖过度之所以会产生,是因为任何通过功能——维持社会秩序——界定的事物,都包含了一切有助于维持该功能的现象——习俗、道德、互惠,等等。

现在让我们考察一下法律概念的第二个范畴。在这个范畴中建构法律的理论家始终将国家法设立为法律的典型形态,进而通过剔除其非本质特征对法律加以还原。这就产生了符合如下特征的标准,即国家法将制度化的形态/结构与功能联为一体。拉兹指出,这解释了为什么"许多(如果不是全部的话)法哲学家一直都赞同法律的定义性特征之一,就是它是一种制度化的规范体系"。(Raz 2009b:105)因此,在哈特看来,法律就是在社会秩序(功能)中承认、变更和适用规范的制度化体系(形式)。夏皮罗将法律还原为"一种自我认证的强制性规划组织(形式),其目标是解决那些通过其他社会秩序形式(功能)无法解决或

无法妥善解决的道德问题"。(Shapiro 2011：224)

通过制度化体系来界定法律的一个重要概念后具就是,"法律"和"法律体系"被视为可以彼此互换的等价物。哈特写道:"这就是'法律'和'法律体系'所表达的标准情形。"(Hart 1994：5)这种观点混同了两者。夏皮罗认为一个自明的真理是,"法律总是法律体系的组成部分"。(2011：15)将法律等同于法律体系之所以重要,是因为它在概念上排除了如下可能,即存在着并不属于制度化体系的法律形态。拉兹在将两者混同后得出了如下结论:"在探究不同时期不同社会中不同形态的社会组织时,我们会发现有许多组织在很多方面类似于法律。但是如果它们缺乏法律的本质特征,它们就并非法律体系。"(Raz 2009a：25)对于这种共识立场,约翰·加德纳解释说:"法律就一种人造物而言,是一种由规范体系以及属于这些体系的规范所共同构成的事物。"(Gardner 2004：171)

法律是一种制度化的规则体系这个要求

引发了涵盖**不足**这个问题。任何不具备国家法的制度化结构的法律都不满足有关法律的要求。这正是哈特得出原始社会法律和国际法并非法律而具有前法律属性的原因。这个理论之所以涵盖不足,是因为它拒绝了被许多人视为法律的事物——激起了国际法学家对哈特法律理论的大量反对。

我们深入探讨了法律理论长期存在分歧的一个主要原因。任何相信习惯法和国际法**是**法律的理论家必须拒绝一切基于(这些法律所不具备的)国家法制度化结构的法律理论;反过来说,任何相信国家法是法律**唯一**典型形态的理论家必须将国家法的制度化结构纳入理论。这两种立场无法被统合入单一的法律概念中。只有超越这种冲突,这两者才能够得到应有的对待。

法律理论的第二种范畴通过成功的区分法律与习俗和道德(这两者通常不会得到既有制度的承认和实施)解决了埃利希—马林诺夫斯基的问题。,但也面临着涵盖**过度**的问题。(Tamanaha 2017:43-53)社会中充斥着以不同方式有助于维护社会秩序的承认、适用和实施规范的制度化规则体系(公司、体育联赛、国家法,等等),以及数不清的旨在解决复杂道德问题的组织化的规划体系(教堂、慈善组织、国家法,等等)。国家法包含在这些形式与功能的联合体中,但是其他各种各样的制度化规则体系也在其中。同样,功能等价物的存在会导致涵盖过度——任何符合形式与功能的具体关联的事物都被纳入法律的范畴。

法律社会学家马克·格兰特(Marc Galanter)在四十多年前引述哈特的初级规则与次级规则的统一体这个观点而得出结论说,法律"能够在一系列制度化背景——**大学、体育联赛、住宅开发、医院**,等等——中找到"时,揭示了这种潜在意涵。(Galanter 1981:17-18,强调为引者所加)分析法学家提出了类似的主张。在20世纪90年代,尼尔·麦考密克(Neil MacCormick)识别出"诸如**大学、公司或家庭**(在我看来,似乎所有这些事物在运作时,都至少在一定程度上是通过制度化的规范秩序而为之的)这样的社会联合体的'活法'"。(MacCormick 1993:14,强调为引者所加)他一再指出,"国家法并不是唯一一种存在的法律。也有在国家之间存在的法律、国际法和诸如欧共体/欧盟这样国家间有组织的联合体的法律,比赛的规则,以及**国家和国际运动协会的规则**"。(MacCormick 1995:261,强调为引者所加)约瑟夫·拉兹近来响应着这些观点:

> 即便许多法哲学理论将国家法视为其起点,但学者们也意识到存在着其他法律类型,我并不是说自然法则、数学法则抑或语法法则。我指的是无可置疑具有规范性的法律。它们包括国际法抑或像欧盟这样组织的法律,也包括教会法、沙里亚法、苏格兰法、原住民法、**支配自愿性联合体活动的规则与规制,又或在法律上得到承认的公司的规则,此外还有许多像社区帮派这样非常短暂的现象**。(Raz 2017:138,强调为引者所加)

他继续说道:"在这个意义上,罗马共和国和威尔士大学(在 2011 年解散)的规则,就如美国和哥伦比亚大学的规则一样,**都是**法律体系。"(143,强调为引者所加)夏皮罗同样承认这种

观点,他有所保留地指出,"美国高尔夫协会……处于法律和非法律的模棱两可的状态"。(Shapiro 2011:224)

制度化的规则体系在社会中无处不在,因为规则对于人们的社会互动具有根本意义,同时制度化是一种组织和实施规则体系的有效方式。它们的无处不在表明了社会生活中有效的功能性安排的重复出现。主张大学和体育联赛**是法律**的法律理论家,混淆了特定规则体系(法律体系)和制度化规则体系所构成的整个范畴。他们实际上所做的就是给制度化规则体系重新贴上了"法律"的标签。

约翰·塞尔有关社会制度的本体论学说揭示了这种分析的谬误。塞尔解释道:"我目前(为政府或国家)提出的本体论可能也适用于诸如**宗教、公司、大学和有组织的体育活动**这类非政治性结构。"(Searle 2010:170,强调为引者所加)先前引述的法律理论家恰恰将同样的例证援引为"法律";但是塞尔并没有将这些事物视为法律,而是将之视为共享着普遍制度化规则结构的现象。他的看法是,在表面之下存在着"共同拥有的纯粹形式性特征,它们使这些制度能够在人类生活中发挥作用"。(123)塞尔并没有提出一种法律理论,但他指出"使得政府不同于教堂、大学、滑雪俱乐部以及行进乐队的",正是"它保留着源自物理暴力的持久威胁"。(171)

再次重申,这些法律理论家识别出来的法律本质特征,并不是法律本身,而是制度化的规则体系,(国家)法律是这种内容广泛且多样的集合中的一员却并非其全部。当理论家将法律这个词用于制度化规则体系集合中的其他所有成员时,就会导致涵盖过度。迈克尔·朱迪切近来提出的法律具有一种必然的自然核心特征的观点,就体现出这个问题。他把这种核心特征称为"社会渊源规范性"(social source normativity)。这种规范性意味着如下观点,即"一个规则、规范或标准得到创造或接受抑或一种特定命令或指令被提出这个事实,本身就成为或能够成为做或不做某事的一个理由,这与该规则、规范等的**内容或价值无关**"。(Giudice 2020:92)"父母、社会群体、牧师、法官、议会等,都是独立于内容的规范性的社会(亦即非人格化的)渊源,因为它们都能够提出或创设他人(有时也包括它们自己)遵循的规范。"(93)如果朱迪切认为社会渊源规范性是所创设的**规则**的一个要素,并且由于法律是由所创设的规则构成的,这种规范性就是法律的一个要素,那么他的观点就是合理的。可是他的观点不止于此,他认为"在我们发现社会渊源规范性的任何时间和地点都存在着法律"。(95)这就会导致涵盖过度,因为这个立场将所有被创设的规则都视为法律;他写道:"如果法律确实是一种基础性的、自然而然的现象,那么我们就不应当对能够在各种社会情境——甚至从简单的儿童游戏规则出发——中找到它而感到惊讶。"(96)

附加额外的标准来识别法律并不能解决上述问题,因为理论家必须面对涵盖过度和涵盖不足所导致的双重困境。比如,米哈尔试图通过补充如下要求来避免哈特理论的涵盖过度,即"有效的规则在因果意义上有助于社会秩序与作为整体的社会的和平"。(Mihal 2021:1,14)这有助于缩小法律范畴的范围,排除体育联赛这样的或者无助于社会秩序和社会和平的规则体系,但它也会加剧涵盖不足的问题。由于米哈尔保留了哈特的制度性结构,非正式的习惯法就并非法律,此外使涵盖不足加剧的是,殖民时期和后殖民时期的法律体系由于在因果意义上无助于整个社会的秩序而被排除在法律之外。米哈尔的法律理论使得诸多法律现象不是法律,可这些现象在过往和今天一直被数以亿计的人集体承认为法律。

这种双面问题的每一面都识别出法律理论中的一个独特缺陷。涵盖不足的出现是因为法典的典范形态被局限于国家法,而排除了习惯法、宗教法和国际法。许多集体承认这些法律形态的人会反对说,这种法律理论之所以是错误的,是因为它否定了自己的法律形态所具有的法律地位。涵盖不足这种反对观点体现出如下假定,即国家法成为法律这种事物的唯一且权威的典范形态。涵盖过度这种反对观点体现出,理论抽象的过程与分析的初衷背道而驰。认为像大学和体育联赛这样的制度化规则体系**都是**法律的主张,会让许多人感到奇怪。持有这种立场的法哲学家犯了范畴谬误:并非所有制度化的规则体系都是法律,反而(国家)法律是制度化规则体系的一种类型。构建一种摆脱了涵盖过度与涵盖不足问题的仅仅基于形式和功能的法律理论是不可能的。

58

当法律理论与有关法律是什么的大众直觉产生冲突时,就会出现涵盖不足和涵盖过度的反对意见。这便提出了如下问题:为什么大众直觉应当成为评价一种法律理论合理性的标准?分析法学家可能会回应说,这些大众直觉是错误的,是要得到法哲学家揭露和修正的混乱。从哲学角度来说,习惯法和国家法**并非法律**(哈特),但大学和体育联赛规则**却是法律**(麦考密克与拉兹)。如果人们采纳法哲学家更为精致复杂的立场,他们就会更准确地理解法律。

这个立场是站不住脚的。大众直觉不能被完全贬低为一团混乱,因为哲学理论最终建立在有关法律是什么的大众直觉之上——这就是一开始提出的循环性。分析法学家将自己的分析建立在大众直觉之上,因此基于大众直觉的反对观点是有效的。涵盖不足与涵盖过度的反对意见对这种分析的起点和结果提出了疑问。由于法律归根结底是一种民间概念(folk concept)——法律是被人们视为法律的事物——哲学理论必须依据大众直觉得到评判。

现在让我来简要勾勒一种避免这些问题的构建法律理论的方法。构建法律理论的起点就是识别法律是什么,汇集前理论性的"法律数据集"。(Webber 2015:63)我们可以从拉兹有关法律(排除制度化的规则体系)的例证清单开始:"国际法抑或像欧盟这样组织的法律,也包括教会法、沙里亚法、苏格兰法、原住民法。"(Raz 2017:138)我们可以补充日本、朝鲜、伊朗和以色列的国家法;全世界犹太人共同体的哈拉卡(Halacha);太平洋雅浦岛人的习惯法,印度尼西亚村庄中的风俗法(*Adat* law);阿富汗乡村地区的部落习惯法;以及其他数不胜数的例子。这些当下的例证还应当得到有关法律的历史例证的补充,诸如罗马共和国的法律、中世纪欧洲的习惯法、殖民地的法律体系,等等。

9 解答"法律是什么"时的谬误

法律的数据集通过在共同体内纳入一切被惯习性地视为法律的事物而汇集起来。法律**就是**人们通过其社会实践识别和视为"法律"(及其翻译 droit, Recht, lex, ius, prawo, falu, derecho, horitsu 等; Tamanaha 2017: 73-77; 2001: 166、194)的任何事物。安德鲁·哈尔平说,这个主张一直遭到"几乎所有人的拒绝"(Halpin 2014: 181),因为"它缺乏任何分析性或解释性因素"。但是批判这一立场的分析法学家未能意识到,他们同样(潜在地)依赖与此别无二致的惯习主义方法。拉兹像我这样通过纳入一直被惯习性地视为"法律"的事物在自己的清单中列出法律的例证。这种方法的解释性基础就是社会建构主义。惯习性的承认赋予了这些现象在承认它们的共同体内的"法律"地位(以及附带的法律权力)。安德瑞·马默近来提出了一种类似的惯习主义学说:"我认为,法律实证主义最重要的洞见就是如下观点,即特定社会中任何属于法律的事物就是该社会中的法律。在更一般的意义上,就其本体论基础来说,法律不过就是那些在时间与空间中算作法律的事物。"(Marmor 2018: 19)

将有关法律的惯习性识别作为起点,立刻会产生与先前讨论相关的诸多潜在影响。涵盖不足与涵盖过度得到了避免:习惯法和国际法**是**法律,因为它们在惯习中得到如此看待;大学和体育联赛**并非**法律,因为它们在惯习中没有得到如此看待。此外,认为存在着决定法律是什么的一种单一标准或核心情形的假定,肯定会被抛在一旁。(Halpin 2014:177-180)在特定社会中,有不只一种得到惯习性承认的法律形态存在和出现,并且没有理由假定它们必然在概念上都被安排为一种核心情形的不同变体。每一种法律形态的功能取决于对其所服务的目的及其后果的考察。每种得到承认的法律形态是否以及如何指引社会行为,还有谁会服从它们,都是经验研究的议题。本书中质疑的所有哲学立场都必须从各种各样得到惯习性承认的法律形态的角度得到重新考察。

一旦有关得到惯习性识别的法律的例证累积起来,就可以展开分析性工作。我们可以考察这些法律形态是否具有共享特征,抑或它们是否属于具有自身特征的不同范畴。这种考察很复杂,因为可以根据不同的考量和标准来建构范畴。我们的目标是以最具启发的方式将法律现象从其连接点中分割开来。由于存在这一条新的进路,有关法律的分析性思辨向各种可能性保持广泛开放态度。

无法全面讨论我所提出的惯习主义进路,它引发了一些我在其他地方讨论过的反对意见。(Tamanaha 2017)在此,我简要介绍它的目的,是想表明存在着避免本书中批判性观点所揭示的问题的替代性方法。与本书主旨一致,我所提出的替代性进路的一个优点,就是它撒出一张将法律现象囊括其中的大网,并依赖于有关法律的经验信息。

10 / 经验主义与分析法学

前述分析挑战了分析法学家所持有的一系列命题:法律体系是人造物,支配并非法律的一种典型功能,法律指引社会行为,法律若要存在就必须得到大部分公民的遵守,法律必然具有至高性,国家法是法律唯一的典范形态,法律和法律体系是可彼此互换的,法律具有单一的一系列本质与必然特征,其他法律形态是(国家法)标准情形的边缘情况,以及能够依据法律的形式和功能构建法律理论。我已经论证,这些立场以不同方式不符合社会现实。

最后,让我来讨论一下为什么分析法学家应当关心我所提出的观点。不用说,法律的哲学理论并不是经验理论。这两种思想追求的取向和目的并不相同。分析法学家探究有关法律的一般性命题、根本特征、共同特点、普遍真理以及对于法律性质的分析性阐释。法律的经验理论倾向于关注偶然性、变迁、变化、关联、细节以及实际发生的事情。每一种努力都有其自身的价值、力量与盲点,同时每一种理论都无须回应另一种理论的标准与旨趣。但是,两者间存在重要差异,并不意味着它们无法从彼此身上有所借鉴。为了改善我有关法律的经验研究取向的理论工作,我常常会消化、学习和引入分析性的洞见。在本书中,我将视角调转到对立的方向,希望不只从我提出的特定议题角度,也能从表明引入更广泛的经验素材的价值的角度,对分析法学有所助益。

在《哲学的目的》("The Pursuit of Philosophy")中,以赛亚·伯林(Isaiah Berlin)解释说,哲学的范围随着时间推移而在改变。许多曾经被认为属于哲学的重要问题,一旦人们明白它们可以从科学角度加以解答,就变成了科学问题。可尽管有这些变迁,哲学却对知识具有独特的作用与贡献。"哲学家的长期任务就是研究那些似乎不受科学方法或日常观察方法影响的事物,比如范畴、概念、模式、思维或行为方式,以及它们彼此冲突的特定方式,以期建立另一种内部矛盾更少且(尽管这永远不可能完全达到)更不易被误解的隐喻、形象、符号与范畴体系。"(Berlin 1978:11)"哲学的目的总是始终如一的,就是帮助人们理解自身并因此在开阔明亮而非狂野与黑暗中行动。"(11)哲学家必须关注科学,这不仅是因为某些哲学思辨具有经验性答案,也是因为若要完成其有关阐明的任务,基于经验命题的哲学工作必须努力把事情做好。如我先前引述的那样,哈特承认他提出的一些议题"并不依赖于自明之理"而是留待"像其他科学一样的社会学或心理学来建立"。(Hart 1961:190)

分析法学家应当对经验主义抱持开放的态度,因为法律是一种**社会制度**。有关作为社会制度的法律的分析性洞见,建立在有关法律是什么以及法律作用的主张之上,这些主张归根结底**是**经验性命题。分析法学的整个大厦都建立在经验基础之上。太多没有得到经验支持的经验性命题都通过诉诸直觉、有关"自明真理"的主张抑或不加掩饰地提及"我们"的法律概念而被偷运进来。我试图表明的是,分析法学家提出的一系列核心主张都建立在可证伪的假设与理想化的基础之上,抑或太特定于狭窄的时间与空间范围。法律理论必须符合法律的社会实在;若非如此,它们就有可能沦为启发价值有限的精巧有余、不受约束的思辨性的理论化工作。如果分析法学家想要了解作为一种社会制度的法律的性质——以便人们能够"在开阔明亮而非狂野与黑暗中行动"——那么哲学进步就体现在建构以经验素材为基础的法律理论上。

参考文献

Adams, Thomas. (2020). "The Efficacy Condition." *Legal Theory* 25: 225-43.

Austin, John. (1832). *The Province of Jurisprudence Determined*. London: John Murray.

Baldwin, D. John. (2002). *George Herbert Mead: A Unifying Theory for Sociology*. Dubuque: Kendall/Hunt.

Bayly, Christopher A. (2003). *The Birth of the Modern World, 1780-1914*. Malden: Wiley-Blackwell.

Bentham, Jeremy. (1977). *A Comment on the Commentaries and a Fragment on Government* (J. H. Burns and H. L. A. Hart, eds.). Oxford: Clarendon Press.

Berger, Peter L. and Thomas Luckmann. (1966). *The Social Construction of Reality: A*

Treatise in the Sociology of Knowledge. New York: Doubleday.

Berlin, Isaiah. (1978). *Concepts and Categories*. Princeton: Princeton University Press.

Blattman, Christopher, Alexandra C. Hartman, and Robert A. Blair. (2014). "How to Promote Order and Property Rights under Weak Rule of Law? An Experiment in Changing Dispute Resolution Behavior through Community Education." *The American Political Science Review* 108 (1): 100-20.

Brown, Donald E. (1991). *Human Universals*. New York: McGraw Hill.

Burazin, Luka. (2016). "Can There be an Artifact Theory of Law?" *Ratio Juris* 29: 385-401.

Burazin, Luka. (2018). "Legal Systems as Abstract Institutional Artifacts." In Luka Burazin, Kenneth Einar Himma, and Corrado Roversi (eds.), *Law as an Artifact*. Oxford: Oxford University Press, 112-35.

Burazin, Luka. (2019a). "Legal Systems, Intentionality, and a Functional Explanation of

Law." *Jurisprudence* 10(2): 229-36.

Burazin, Luka. (2019b). "Law as an Artifact." In Mortimer Sellers and Stephan Kirste (eds.), *Encyclopedia of the Philosophy of Law and Social Philosophy*. Dordrecht: Springer.

Chanock, Martin. (1992). "The Law Market: The Legal Encounter in British East and Central Africa." In Wolfgang J. Mommsen and J. A. de Moor (eds.), *European Expansion and Law: The Encounter of European and Indigenous Law in 19th and 20th Century Africa and Asia*. Oxford: Berg, 279-305.

Chirayath, Leila, Caroline Sage, and Michael Woolcock. (2005). *Customary Law and Policy Reform*. Washington, DC: World Bank Legal Department.

Claessen, Henri. (2002). "Was the State Inevitable?" *Social Evolution & History* 1: 101-11.

Cohen, Felix. (1937). "Book Review: Fundamental Principles of the Sociology of Law." *Illinois Law Review* 31: 1128-34.

Cohen, Morris R. (1916). "Recent Philosophical-Legal Literature in French, German and Italian (1912-1914)." *The International Journal of Ethics* 26(4): 528-46.

Comaroff, John L. (1981). *Rules and Processes: The Cultural Logic of Dispute in an African Context*. Chicago: University of Chicago Press.

Cottone, Michael. (2015). "Rethinking Presumed Knowledge of the Law in the Regulatory Age." *Tennessee Law Review* 82(1): 137-66.

Crowe, Jonathan. (2014). "Law as an Artifact Kind." *Monash University Law Review* 40: 737-57.

Curry, Oliver, Daniel Mullins, and Harvey Whitehouse. (2019). "Is it Good to Cooperate? Testing the Theory of Morality-as-Cooperation in 60 Societies." *Current Anthropology* 60 (1): 47-69.

Darley, John M., Paul H. Robinson, and Kevin M. Carlsmith. (2001). "The Ex Ante Function of the Criminal Law Papers of General

Interest." *Law & Society Review* 35(1): 165-90.

Dewey, John. (1914). "Logical Method and Law." *The Cornell Law Quarterly* 10(1): 17-27.

Dewey, John. (1941). "My Philosophy of Law." In *My Philosophy of Law: Credos of Sixteen American Scholars*. Julius Rosenthal Foundation. Boston: Boston Law Book, 71-85.

Diaz-Leon, Esa. (2013). "What is Social Construction?" *European Journal of Philosophy* 23: 1137-52.

Ehrenberg, Kenneth M. (2015). "Law's Artifactual Nature: How Legal Institutions Generate Normativity." In George Pavlakos and Veronica Rodriguez-Blanco (eds.), *Reasons and Intentions in Law and Practical Agency*. Cambridge: Cambridge University Press, 247-66.

Ehrenberg, Kenneth M. (2016). *The Functions of Law*. Oxford: Oxford University Press.

Ehrenberg, Kenneth M. (2018). "Law is an Institution, an Artifact, and a Practice." In Luka Burazin, Kenneth Einar Himma, and Corrado

Roversi (eds.), *Law as an Artifact*. Oxford: Oxford University Press, 177-91.

Ehrenberg, Kenneth M. (2020). "The Institutionality of Legal Validity." *Philosophy and Phenomenological Research* 100(2): 277-301.

Ehrlich, Eugen. (1936). *Fundamental Principles of the Sociology of Law* (Walter Moll, trans.). Cambridge, MA: Harvard University Press.

Elder-Voss, Dave. (2012). *The Reality of Social Construction*. Cambridge: Cambridge University Press.

Engel, David M. (2010-2011). "Lumping as Default in Tort Cases: The Cultural Interpretation of Injury and Causation Symposium: Injuries without Remedies." *Loyola of Los Angeles Law Review* 44(1): 33-68.

Fay, Brian. (1994). "General Laws Explaining Human Behavior." In Michael Martin and Lee C. McIntyre (eds.), *Readings in the Philosophy of Social Science*. Cambridge, MA: MIT Press, 91-110.

Flannery, Kent and Joyce Marcus. (2012). *The Creation of Inequality: How Our Prehistoric Ancestors Set the Stage for Monarchy, Slavery, and Empire*. Cambridge, MA: Harvard University Press.

Forsyth, Miranda. (2007). "A Typology of Relationships between State and Non-State Justice Systems." *Journal of Legal Pluralism and Unofficial Law* 56: 67-112.

Friedman, Jonathan. (2006). "Comment on Searle's 'Social Ontology'." *Anthropological Theory* 6: 70-80.

Friedman, Lawrence M. (1996). "Borders: On the Emerging Sociology of Transnational Law Essay." *Stanford Journal of International Law* 32(1): 65-90.

Galanter, Marc. (1981). "Justice in Many Rooms: Courts, Private Ordering, and Indigenous Law." *The Journal of Legal Pluralism and Unofficial Law* 13(19): 1-47.

Gardner, John. (2004). "The Legality of Law." *Ratio Juris* 17(2): 168-81.

Giraudy, Agustina. (2012). "Conceptualizing State Strength: Moving Beyond Strong and Weak States." *Revista de Ciencia Poli? tica* 32(3): 599-611.

Giudice, Michael. (2020). *Social Construction of Law: Potential and Limits*. Northampton: Edward Elgar.

Gorski, Philip S. (2016). "The Matter of Emergence: Material Artifacts and Social Structure." *Qualitative Sociology* 39: 211-15.

Green, Leslie. (1998). "The Functions of Law." *Cogito* 12: 117-24.

Green, Leslie. (2008). "Positivism and the Inseparability of Law and Morals Symposium: The Hart-Fuller Debate at Fifty." *New York University Law Review* 83(4): 1035-58.

Green, Leslie. (2012). "Introduction." In H. L. A. Hart, *The Concept of Law* (Penelope Bulloch and Joseph Raz, eds.), 3rd ed. Oxford: Clarendon Press, xv-iv.

Hadfield, Gillian K. and Joy Heine. (2016). "Law in the Law-Thick World: The

Legal Resource Landscape for Ordinary Americans." In Sam Estreicher and Joy Radice (eds.), *Beyond Elite Law: Access to Civil Justice for Ordinary Americans*. New York: Cambridge University Press, 21-52.

Halpin, Andrew. (2014). "The Creation and Use of Concepts of Law when Confronting Legal and Normative Plurality." In Sean P. Donlan and Lucas H. Urscheler (eds.), *Concepts of Law: Comparative, Jurisprudential, and Social Science Perspectives*. Farnham: Ashgate, 169-92.

Harper, Erica. (2011). *Customary Justice: From Program Design to Impact Evaluation*. Rome: IDLO.

Hart, H. L. A. (1961). *The Concept of Law*. Oxford: Clarendon Press.

Hart, H. L. A. (1994). *The Concept of Law* (Penelope Bulloch and Joseph Raz, eds.), 2nd ed. Oxford: Oxford University Press.

Henrich, Joseph. (2017). *The Secret of Our Success: How Culture is Driving Human Evolution, Domesticating Our Species, and Making Us Smarter*.

Princeton: Princeton University Press.

Hilpinen, Risto. (2011). "Artifact." In Edward Zalta (ed.), *The Stanford Encyclopedia of Philosophy* (Winter 2011 Edition). https://stanford.library.sydney.edu.au/archives/fall2011/entries/artifact/

Hoebel, E. Adamson (1946). "Law and Anthropology." *Virginia Law Review* 32(4): 835-54.

Hoebel, E. Adamson (2006[1954]). *The Law of Primitive Man: A Study in Comparative Legal Dynamics*. Cambridge, MA: Harvard University Press.

Holmes, Oliver Wendell. (1873). "The Gas Stoker's Strike." *American Law Review* 7: 582.

Holzinger, Katharina, Florian G. Kern, and Daniela Kromrey. (2016). "The Dualism of Contemporary Traditional Governance and the State: Institutional Setups and Political Consequences." *Political Research Quarterly* 69(3): 469-81.

Jhering, Rudolph von. (1914). *Law as a Means to an End*. Translated by Issack Husik. Boston: Boston.

Katz, Larissa M. (2018). "Philosophy of Property Law." In J. Tasioulas (ed.), *Cambridge Companion to the Philosophy of Law*. Cambridge: Cambridge University Press, 371-88.

Kelley, Donald R. (1990). *The Human Measure: Social Thought in the Western Legal Tradition*. Cambridge, MA: Harvard University Press.

Kelsen, Hans. (1967). *Pure Theory of Law*. Translation M. Knight. Berkeley: University of California Press.

Kelsen, Hans. (1992). *An Introduction to the Problems of Legal Theory*. Trans. Bonnie Litschewski Paulson and Stanley L. Paulson. Oxford: Clarendon Press.

Khalid, Muhammad. (2019). "Law as a Social Kind." CEUR-WS 2518, http://ceur-ws.org/Vol-2518/paper-SOLEE3.pdf

Killingray, David. (1986). "The Maintenance

of Law and Order in British Colonial Africa." *African Affairs* 85(340): 411-37.

Kim, Pauline T. (1999). "Norms, Learning, and Law: Exploring the Influences on Workers' Legal Knowledge." *University of Illinois Law Review* 1999(2): 447-516.

Lacey, Nicola. (2006). "Analytical Jurisprudence versus Descriptive Sociology Revisited." *Texas Law Review* 84(4): 944-82.

Leiter, Brian. (2011). "The Demarcation Problem in Jurisprudence: A New Case for Skepticism." *Oxford Journal of Legal Studies* 31: 663-77.

MacCormick, Neil. (1993). "Beyond the Sovereign State." *The Modern Law Review* 56(1): 1-18.

MacCormick, Neil. (1995). "The Maastricht-Urteil: Sovereignty Now." *European Law Journal* 1(3): 259-66.

Malinowski, Bronislaw. (1926). *Crime and Custom in Savage Society*. New York: Harcourt, Brace & Company.

Marcoulatos, Iordanis. (2003). "John Searle and Pierre Bourdieu: Divergent Perspectives on Intentionality and Social Ontology." *Human Studies* 26: 67-96.

Marmor, Andrei (2004). "The Rule of Law and Its Limits." *Law and Philosophy* 23(1): 1-43.

Marmor, Andrei. (2007). *Law in the Age of Pluralism*. Oxford: Oxford University Press.

Marmor, Andrei. (2018). *What's Left of General Jurisprudence? On Law's Ontology and Content* (SSRN Scholarly Paper No. ID 3165550), https://papers.ssrn.com/abstract=3165550

Marmor, Andrei. (2019). "The Nature of Law." In Edward N. Zalta (ed.), *Stanford Encyclopedia of Philosophy*. https://plato.stanford.edu/cgi-bin/encyclopedia/archinfo.cgi?entry=lawphil-nature

Mead, George Herbert. (1915). "Natural Rights and the Theory of the Political Institution." *Journal of Philosophy, Psychology, and Scientific Methods* 12: 141-55.

Mead, George Herbert. (1918). "The Psychology of Punitive Justice." *American Journal of Sociology* 23: 577-602.

Mead, George Herbert. (1934). *Mind, Self, and Society*. Chicago: Chicago University Press.

Mead, George Herbert. (1938). *The Philosophy of the Act*. Chicago: Chicago University Press.

Mead, George Herbert. (2002). *The Philosophy of the Present*. Amherst, NY: Prometheus.

Merton, Robert. (1957). *Social Theory and Social Structure: Revised and Enlarged Edition*. New York: Free Press.

Mihal, Jan. (2021). Responding to the Over-Inclusiveness Objection to Hart's Theory of Law: A Causal Approach (SSRN Scholarly Paper No. ID 3740353), https://papers.ssrn.com/abstract=3740353

Mihal, Jan. (2017). "Defending a Functional Kinds Account of Law." *Australian Journal of Legal Philosophy* 42: 121-44.

Miller, Seumas. (2019). "Social Institutions." In Edward N. Zalta (ed.), *The Stanford Encyclopedia of Philosophy* (Summer 2019 Edition). https://plato.stanford.edu/archives/sum2019/entries/social-institutions/

Millikin, Ruth Garrett. (1999). "Historical Kinds and the Special Sciences." *International Journal for Philosophy in the Analytical Tradition* 95: 45-65.

Miotto, Lucas. (2021). From Angels to Humans: Law, Coercion, and the Society of Angels Thought Experiment. *Law and Philosophy* 40: 277-303.

Moor, Jaap A. de, and Wolfgang J. Mommsen (eds.). (1992). *European Expansion and Law: The Encounter of European and Indigenous Law in the 19th- and 2th-Century Africa and Asia*. 1st ed., Oxford: Berg.

Moore, Michael S. (1992). "Law as a Functional Kind." In Robert P. George (ed.), *Natural Law Theory: Contemporary Essays*.

Oxford: Oxford University Press, 188-242.

Moore, Sally Falk. (1969). "Law and Anthropology." *Biennial Review of Anthropology* 6: 252-300.

Nekam, Alexander. (1967). "Aspects of African Customary Law." *Northwestern University Law Review* 62(1): 45-56.

Philips, Nelsen, Thomas B. Lawrence, and Cynthia Hardy. (2004). "Discourse and Institutions." *Academy of Management Review* 29: 635-52.

Pistor, Katharina. (2019). *The Code of Capital: How the Law Creates Wealth and Inequality*. Princeton: Princeton University Press.

Plato. (1991). *The Republic*. New York: Random House.

Postema, Gerald J. (2008). "Conformity, Custom, and Congruence: Rethinking the Efficacy of Law." In Matthew H. Kramer, Claire Grant, Ben Coburn, and Antony Hatzistavrou (eds.), *The Legacy of H. L. A. Hart: Legal, Political, and Moral Philosophy*. Oxford: Oxford University

Press, 45-66.

Postema, Gerald J. (2015). "Jurisprudence, the Sociable Science." *Virginia Law Review* 101: 869-901.

Postema, Gerald J. (2021). "Philosophical Jurisprudence: A Vision." UNC Legal Studies Paper, SSRN: https://ssrn.com/abstract = 3972708 or http://dx.doi.org/10.2139/ssrn.3972708

Pound, Roscoe. (1910). "Law in Books and Law in Action." *American Law Review* 44: 12-36.

Preston, Beth. (2018). "Artifact." In Edward N. Zalta (ed.), *The Stanford Encyclopedia of Philosophy* (Fall 2020 Edition). https://plato.stanford.edu/entries/artifact/

Priel, Dan. (2018). "Not all Law is an Artifact: Jurisprudence Meets the Common Law." In Luka Burazin, Ken Einar Himma, and Corrado Roversi (eds.), *Law as an Artifact*. Oxford: Oxford University Press, 239-67.

Priel, Dan. (2019). "Law as a Social

Construction and Conceptual Legal Theory." *Law and Philosophy* 38: 267-87.

Raz, Joseph. (1979). *The Authority of Law: Essays on Law and Morality*. Oxford: Clarendon Press.

Raz, Joseph. (2009a). *Between Authority and Interpretation*, 2nd ed. Oxford: Oxford University Press.

Raz, Joseph. (2009b). *The Authority of Law*, 2nd ed. Oxford: Oxford University Press.

Roberts, Simon. (1976). "Law and the Study of Social Control in Small-Scale Societies." *The Modern Law Review* 39(6): 663-79.

Rotberg, Robert I. (2003). "Failed States, Collapsed States, Weak States: Causes and Indicators." In Robert Rotberg (ed.), *State Failure and State Weakness in a Time of Terror*. Washington, DC: Brookings Institution Press, 1-26.

Roughan, Nicole, and Andrew Halpin (eds.). (2017). *In Pursuit of Pluralist Jurisprudence*. Cambridge: Cambridge University Press.

Roversi, Corrado. (2015). "Legal Metaphoric Artifacts." In B. Brozek, J. Stelmach, and L. Kurek, (eds.), *The Emergence of Normative Orders*. Krakaw: Copernicus Center Press, 215-80.

Roversi, Corrado. (2018). "On the Artifactual-and Natural-Character of Legal Institutions." In Luka Burazin, Kenneth E. Himma, and Corrado Roversi (eds.), *Law as an Artifact*. Oxford: University Press, 89-111.

Roversi, Corrado. (2019). "Law as an Artefact: Three Questions." *Analisi E Diritto* 2019: 41-68.

Rowell, Arden. (2019). "Legal Knowledge, Belief, and Aspiration." *Arizona State Law Journal* 51(1): 225-92.

Sapolsky, Robert M. (2017). *Behave: The Biology of Humans at Our Best and Worst*. New York: Penguin Press.

Schauer, Frederick. (2005). "The Social Construction of the Concept of Law: A Reply to Julie Dickson." *Oxford Journal of Legal Studies*,

25: 493-501.

Searle, John R. (1995). *The Construction of Social Reality*. New York: The Free Press.

Searle, John R. (2006). "Social Ontology: Some Basic Principles." *Anthropological Theory* 6: 12-29.

Searle, John R. (2010). *Making the Social World: The Structure of Human Civilization*. New York: Oxford University Press.

Shapiro, Scott J. (2000). "Law, Morality, and the Guidance of Conduct." *Legal Theory* 6 (2): 127-70.

Shapiro, Scott J. (2011). *Legality*. Cambridge, MA: Harvard University Press.

Simpson, A. W. Brian. (1986). *A History of Land Law*, 2nd ed. Oxford: Oxford University Press.

Smith, Adam. (1982). *Lectures on Jurisprudence* (R. L. Meeks, D. D. Raphael, and P. G. Stein eds.). Indianapolis, Indiana: Liberty Fund.

Tamanaha, Brian Z. (2001). *A General*

Jurisprudence of Law and Society. Cambridge: Cambridge University Press.

Tamanaha, Brian Z. (2006). *Law as a Means to an End: Threat to the Rule of Law*. Cambridge: Cambridge University Press.

Tamanaha, Brian Z. (2017). *A Realistic Theory of Law*. New York: Cambridge University Press.

Tamanaha, Brian Z. (2021). *Legal Pluralism Explained: History, Theory, Consequences*. Oxford: Oxford University Press.

Thomassen, Amie L. (2014). "Public Artifacts, Intentions, and Norms." In Martin Franssen, Peter Kroes, Thomas A. C. Reydon, and Peter Vermas (eds.), *Artefact Kinds: Ontology and the Human Made World*. Dordrecht: Springer, 45-62.

Tollefsen, Deborah. (2002). "Collective Intentionality and the Social Sciences." *Philosophy of the Social Sciences* 32: 25-50.

Tomasello, Michael. (2014). *A Natural History of Human Thinking*. Cambridge, MA:

Harvard University Press.

Tomasello, Michael. (2019). *Becoming Human: A Theory of Ontogeny*. Cambridge: Belknap Press.

Trigger, Bruce G. (2003). *Understanding Early Civilizations*. Cambridge: Cambridge University Press.

van den Bergh, G. C. J. J. (1969). "Legal Pluralism in Roman Law." *Irish Jurist* (1966) 4(2): 338-50.

van Rooij, Benjamin. (2020). *Do People Know the Law? Empirical Evidence about Legal Knowledge and Its Implications for Compliance* (SSRN Scholarly Paper No. ID 3563442), https://papers.ssrn.com/abstract=3563442

Waldron, Jeremy. (1999). "All We Like Sheep." *Canadian Journal of Law and Jurisprudence* 12(1): 169-90.

Waldron, Jeremy. (2013). *International Law: "A Relatively Small and Unimportant" Part of Jurisprudence?* (SSRN Scholarly Paper No. ID 2326758), https://papers.ssrn.com/abstract

= 2326758

Waluchow, Wilt J. (2008). "Legality, Morality, and the Guiding Function of Law." In Matthew H. Kramer, Claire Grant, Ben Coburn, and Antony Hatzistavrou (eds.), *The Legacy of H. L. A. Hart: Legal, Political, and Moral Philosophy*. Oxford: Oxford University Press, 85-97.

Webber, Gregoire. (2015). "Asking Why in the Study of Human Affairs." *American Journal of Jurisprudence* 60(1): 51-78.

Weber, Max. (1978). *Economy and Society: An Outline of Interpretive Sociology*. (G. Roth and C. Wittich, eds.). Berkeley: University of California Press.

Wilson, Edward. (2012). *The Social Conquest of Earth*. New York: Liveright Publishing.

Winch, Peter. (1958). *The Idea of a Social Science and its Relation to Philosophy*. London: Rougtledge & Kegan Paul.

Woodman, Gordon R. (2011). "A Survey of Customary Laws in Africa in Search of Lessons for the Future." In Jeanmarie Fenrich, Paolo

Galizzi, and Tracy Higgins (eds.), *The Future of African Customary Law*. Cambridge: Cambridge University Press, 9-30.

Yassari, Nadjma, and Mohammad Hamid Saboory. (2010). "Sharia and National Law in Afghanistan." In Jan Michiel Otto (ed.), *Sharia Incorporated: A Comparative Overview of the Legal Systems of Twelve Muslim Countries in Past and Present*. Amsterdam: Leiden University Press, 272-317.

译后记

伊塔洛·卡尔维诺(Italo Calvino)在《看不见的城市》中曾虚构了这样一段在忽必烈可汗与马可·波罗之间的对话。彼时两人正在对弈,心中的想法却截然不同。忽必烈可汗认为自己疆域广阔的帝国可以被还原为像棋盘一样由六十四个方格有序排列而成的事物。这种将复杂化约为单一、将现象还原为本质的思路,才是理解世界之道。可是马可·波罗却提醒他说:"陛下,你的棋盘是由乌木和枫木两种木头镶嵌而成的。你现在注视的方格,是一个干旱年份里生长的树干上的一段:你看到它的纤维纹理了吗?这里是勉强可见的一个结节:早春萌生的树芽被夜间一场霜给打坏了。"[①]这

---

① Italo Calvino, *Invisible Cities*, William Weaver trans., Harcourt Brace & Company, 1974, p. 131.

似乎意味着任何单一的现象中都蕴藏着无垠的整个宇宙。理解这个世界,就不得不承认以及享受这种复杂乃至失序。

类似的情节也出现在余华的笔下。在《河边的错误》中,一个凶手在偏僻荒凉的小镇里大杀四方。经过刑警队长马哲的细致排查,嫌疑人最终被确定为镇里唯一的一个疯子。这个疯子的家中有行凶的刀具,刀具上有死者的血迹,这一切都严丝合缝地符合定罪时有关证据的要求,但却唯独缺乏相应的动机——疯子的行为似乎毫无理由、缺乏意图,无人知晓其内心的隐秘。认为世间一切行为都有内在逻辑的马哲,便在一丝不苟地探究疯子背后"真相"的过程中一步步陷入了癫狂。② 这不禁会让我们揣测:或许这个世界本就如此,本就没有我们可以轻而易举掌控的本质、体系以及秩序?

我想布莱恩·Z. 塔玛纳哈(Brian Z. Tamanaha)教授大概会赞同这个推断。在我的理解中,《法理论的社会学进路》(*Sociological Approaches to Theories of Law*)讲述的也是这样

---

② 参见余华:《河边的错误》,载《现实一种》,作家出版社2012年版。

一个故事。只不过在这里,主人公是执着于探究法律本质必然属性的分析法哲学家,而情节与对话则是一般法理学中有关法律概念、法律功能、法律实效以及法律体系的诸多典型看法。一如卡尔维诺和余华,塔玛纳哈想说,法律作为一种社会制度,在生成、发展、演进与运作的过程中,会受到政治、经济、文化、历史以及社会等各种各样因素的影响。法律的复杂程度不亚于其所从属的生活本身。

身为法学家,我们与其寻求将复杂的法律现象在概念上归拢为具有本质必然属性、逻辑严密且有典型特征的事物,倒不如坦率地承认:我们就是永远无法提出一种可以得到所有人认同的界定法律的标准,就是永远无法创立一套不包含任何矛盾与漏洞的法律体系,就是永远无法依靠法律来指引我们日常生活中的绝大多数行为。当然,这不是让我们彻底放弃阐释法律现象的理论努力,也不是愤世嫉俗地轻蔑任何理论范畴的认知意义,而是主张我们应当像马可·波罗那样,观察眼前重要法律现象的生成演变,让理论成为体会世界本身复杂性与多样性的一种方式,而非裁断生活、为之强加逻辑与意义的工具。

从这个角度来说,本书虽然篇幅不长,却因其迥异于当下法学理论研究风格的特点而值得被认真对待。就主题而言,本书是剑桥大学出版社"基本原理丛书"(Elements Series)于2022年推出的一部作品。这套旨在融合学术期刊的前沿和学术专著的厚重的丛书,希望通过号召具有影响力的作者、聚焦具有话题性的议题,以短小精悍的篇幅为普通读者和专业研究者呈现出具体领域及议题的研究样貌与前沿动态。有趣的是,本书虽然强调法律理论的"社会学"视角,但却隶属于丛书中的"法哲学"系列,由此可见有关法律的哲学研究在近年来历经的变迁与未来发展的方向。

说回本书作者塔玛纳哈教授。他是我在美国圣路易斯华盛顿大学访学期间的合作导师,回国后我也一直与他保持着联系。我几乎读过他写作的所有著作和论文。有时我会写信向他求教或求助,偶尔他也会把最新写好的文章发过来,请我谈谈看法。2021年的夏天,他发来一篇长文,在"Word"中足足有100页。一年后本书正式出版时,我才知道那便是本书的初稿。我在其他文章中曾对塔玛纳哈教授及其学说展开过详尽分析,这里不再赘述。③需要补充的是,虽然在中文语境里我一再于各种场合通过文字和讲座讨论塔玛纳哈教授的理论,特别是代表其立场的"惯习主义"学说、法律多元主义理论以及一般法理学研究,但我更多地是将之视为思考与讨论的起点而非亟需辩护与捍卫的圣殿。

我其实在很大程度上赞同本书中一再出现的安德鲁·哈尔平(Andrew Halpin)教授对于塔玛纳哈学说接受度的评价:将法律视为人们通过其社会实践识别和贴上"法律"标签的事物,一直遭到"几乎所有人的拒绝"。④ 这不仅体现为分析法学家认为其所提出的界定法律的标准缺乏任何分析性或解释性价值,也体现在与其一同探索将经验研究成果纳入法哲学讨论进而拓宽有关

---

③ 感兴趣的读者,请移步〔美〕布莱恩·Z. 塔玛纳哈:《法律多元主义阐释:历史、理论与影响》,赵英男译,商务印书馆2023年版,"译者附录";以及赵英男:《法律多元主义的概念困境:涵义、成因与理论影响》,载《环球法律评论》2022年第4期。

④ Andrew Halpin, "The Creation and Use of Concepts of Law When Confronting Legal and Normative Plurality", in Sean P. Donlan and Lucas H. Urscheler eds., *Concepts of Law: Comparative, Jurisprudential, and Social Science Perspective*, Ashgate, 2014, p. 181.

法律的哲学分析的学者,诸如威廉·特文宁(William Twining),对其所持有的批判性态度上。⑤ 不过,我想指出的是,或许"法律概念"本身就如塔玛纳哈学说所呈现出的那样,并没有可以容纳进一步展开分析与解释的深度,只是在与诸如道德、命令、惯习、宗教、权威、支配、强制力、司法裁判、法条主义、工具主义、现实主义等众多社会现象、社会制度以及普罗大众的性情倾向相关联时,才具有了我们通常所认为的"价值""意义"与"重要性"。

不得不说,这种理论风格深深契合我对这个世界的观察与谈不上深刻的人生体验:总会有一刹那,我会觉得自己如同一个演员,将苦乐悲欢当作排练,在每个日出时分得到驯服,在每个傍晚黄昏又压抑不住执着眷恋。我的确不知晓在观察、见证与承受之外,理性可以在何种程度上让我把控名为"生活"的野兽;也的确不了解在经历、内省与接受之外,理性可以在何种程度上让我洞悉名为"自我"的陌生人。毕竟,世界可能就如同《漫长的季节》中那

---

⑤ Willliam Twining, *General Jurisprudence: Understanding Law from a Global Perspective*, Cambridge University Press, 2009, chap. 4.

首短诗所说:我们打个共鸣的响指吧,遥远的事物将被震碎,面前的人们此时尚不知情。

最后简短交代一下本书的翻译。承蒙北京大学出版社与张宁老师的信任,我有机会再次一字一句地整理自己精读塔玛纳哈教授文字后的心得。从法理学研究出发,我们当然可以将本书视为探讨一般法理学的社会科学化以及实用主义哲学资源的法理学转化的著作。这的确也是本书的理论目标所在。但从我个人的阅读体验来说,本书以及塔玛纳哈教授的其他著作共享着如下鲜明特征:融汇长时间段内的理论与经验素材,并在此基础上提炼出贯穿全领域的分析框架;同时,与大多数法理学家不同,塔玛纳哈教授在论述中非常注重对于所批判和借鉴的理论的完整呈现而非论证重构。在这个意义上,无论我们是否赞同塔玛纳哈教授的具体观点与整体理论风格,他的著作都可以作为面向普通读者与专业研究者的导引性作品。翻译无法百分之百地忠实于原作,译文究其实质不过是译者自身学养与能力的告白。我希望自己的文字不会有太多错漏。

赵英男

2023 年 11 月 14 日